Introducción a la evaluación en educación

Manuel Ángel González Berruga

Published by La Guarida del Sherpa, 2024.

Tabla de Contenido

ÍNDICE

Introducción al libro

El presente texto recoge los apuntes sueltos sobre evaluación que he ido realizando durante estos años para las asignaturas que he impartido, principalmente, en la PUCE Sede Esmeraldas. El libro se conforma como una introducción en los conceptos, modelos, estrategias, instrumentos y marcos teóricos sobre la evaluación en educación. He editado estos apuntes porque creo que pueden ser de ayuda a algunos colegas docentes como plataforma para a buscar más información sobre la evaluación o puede que alguno de los capítulos pueda ser utilizados en el aula. A los estudiantes puede que les sirva el desarrollo que se hace de los diferentes modelos y estrategias o para buscar modelos de evaluación de la calidad. El libro no pretende ser exhaustivo y el autor se hace cargo de las insuficiencias de la obra.

Por otro lado, quien se ocupe de leer la obra al completo, verá que he intentado desarrollar la asignatura desde una perspectiva materialista en la medida que me dio mi conocimiento sobre el tema y tuve tiempo de desarrollarlo teóricamente. Intenté plantear la asignatura desde la perspectiva materialista en general, aunque tuve en mente de manera constante el materialismo filosófico de Gustavo Bueno. Se me pasó por la cabeza señalar en un subtitulo al libro la idea de la perspectiva materialista, pero creo que he sido lo suficiente sistemático como para decir que el libro responde de manera integral a la perspectiva materialista. Los libros anteriores que edité sobre mis apuntes de clase también responden a este intento. Supongo que en algún momento me tendré que sentar a darle forma a toda esa teoría que la denomino enfoque materialista de la educación.

El libro se lo dedico a Juan Manuel Escudero Muñoz. Fue un buen profesor y me tendió la mano cuando nadie lo hizo. Le estaré siempre agradecido. En una de las últimas conversaciones que tuvimos se quejaba de que la universidad ya no era un lugar para el conocimiento, sino una lugar destinado a la publicación de artículos. Con este libro he intentado generar los cimientos de una teoría educativa basada en el materialismo.

Manuel Ángel González Berruga
26 de enero de 2024

1 Evaluación, aprendizaje, innovación. Historia de la evaluación

En este primer capítulo comenzamos reflexionando sobre qué es esto de la evaluación, el aprendizaje y la innovación. La relación de estos conceptos reside en que no es posible evaluar sino nos proponemos la mejora y el progreso del desempeño de los estudiantes y de las políticas, prácticas, cultura, etc., relacionado con los procesos y contextos educativos, y esto se relaciona con la idea de innovar.

1 La idea de evaluación, aprendizaje e innovación

La palabra **evaluación** proviene del latín. Se separa en ex y valui. Ex significa sacar de dentro hacia afuera y valui significa valer. Entonces, la evaluación supone sacar lo que hay en un lugar para ver si tiene un valor. ¿Qué sería este "adentro"? Probablemente se nos venga a la mente una persona o un objeto, sacar lo que tiene una piedra de valor. Pero imaginemos que abrimos una cueva y dentro encontramos esmeraldas y otro tipo de piedras sin color ni brillo, pero que sirven para hacer fuego. Aquí nos vendría la siguiente pregunta a la cabeza: ¿Qué sería lo valioso? ¿Cuál de estas piedras es la que tenemos que valorar o es la que tiene valor? Al comprar estos dos tipos de piedras parece que hay una que tiene más valor que la otra, pero, a priori, no podemos saber cuál es la piedra que más valor tiene. De aquí colegimos que el valor de una piedra no depende de sí mismo. Entonces, ¿de qué depende? Del uso que haga de ella el ser humano. Este uso vendrá determinado por 1) las características de la forma y sustancia de la piedra y 2) del objetivo que persiga el ser humano. Según estas variables, una persona puede dar más valor a un tipo de piedra, según si necesita hacer fuego o adornarse para una ocasión especial.

A partir de este ejemplo podemos observar como una característica central de la evaluación es su dependencia del sujeto humano. Son las personas las que operan en la realidad con diferentes propósitos. Como señala Scriven (2003), la evaluación, es una propiedad básica del sujeto basada en la intuición o el aprendizaje que conecta la percepción y la acción (Cf. Scriven, En Kellaghan, Stufflebeam y Wingate, International Handbook of Educational Evaluation 2003, p. 28). El propósito de la operación del sujeto es lo que determina la necesidad de extraer el valor de las cosas. Y, ¿de dónde se extrae ese valor? ¿Qué es ese adentro de donde se obtiene el valor? ¿Es el adentro de las piedras?

Como hemos dicho, el valor depende del uso. Los propósitos del sujeto se relacionan con la materia y forma de las piedras. Si solo existiera una piedra para elegir, no habría problema, ya que solo contamos con una elección que puede valer o no valer para nuestro propósito que es encender fuego. El valor de la piedra se representaría con una respuesta bimodal: 1- si vale la piedra para hacer fuego o 0- no vale la piedra para hacer fuego. Imaginemos que tenemos dos piedras y con una se hace fuego todas las ocasiones que lo intentamos y con otra piedra solo se hace fuego en la mitad de las ocasiones. Ahora la valoración cambia: Una piedra tendría el valor de 1 ya que consigue encender el fuego en todas las ocasiones y otra piedra tendría el valor de 0.5 ya que consigue hacer fuego la mitad de los intentos. Aquí vemos que se puede establecer una escala en presencia de más objetos y con relación al objetivo del sujeto. Otra característica sería que el valor se extrae no de la cosa objeto de uso, sino del sistema de relaciones que se establece entre el sujeto, su propósito y el objeto.

Con todo esto, podríamos dar una definición de evaluación. Evaluar es el hecho de otorgar un valor a un objeto o sujeto. El valor lo podemos definir como la correspondencia dentro de un sistema entre el uso que ofrece un objeto o sujeto y el propósito de operación del sujeto en el medio. Digamos que en ocasiones el sistema es encontrado por el sujeto, surge en un acontecimiento inesperado, y en otros es el propio sujeto quién va construyendo el sistema, aunque esto debería tener un desarrollo más elaborado ya que guarda relación con la perspectiva filosófica idealista y realista dentro de la epistemología.

Hasta aquí nos hemos aproximado a la idea de evaluación de manera general. Ahora vamos a dilucidar el concepto de aprendizaje.

Al igual que hemos hecho con la palabra evaluación, vamos a conocer el significado etimológico de la palabra aprendizaje.

Aprendizaje es el proceso de aprender. Aprender proviene del latín apprehendĕre que se divide en ad o a que significa hacia el exterior y prehendĕre que significa coger. Entonces, aprendizaje es coger lo que va hacia el exterior. El que aprender, el que coge o capta lo que hay a su alrededor, lo que está afuera, es el sujeto. Y lo que capta es todo lo que está a su alrededor, tanto de los objetos como de otros sujetos. El estudio y la reflexión de la posibilidad y capacidad de conocimiento del sujeto es lo que denominamos epistemología.

El aprendizaje es una capacidad de los seres vivos. Los seres vivos captan lo que hay a su alrededor y lo utilizan para sobrevivir, esta es una de las características de los seres autopoiéticos que somos los seres humanos y no humanos (Cf. Maturana y Varela, De máquinas y seres vivos, 1994). Los animales conocen el entorno por su aprensión o aprendizaje y los que consiguen adaptarse son los que sobreviven. El ser humano se encuentra en un plano diferente al de los animales no humanos por el nivel evolutivo alcanzado que se diferencia en su capacidad cognitiva principalmente, aunque esta capacidad cognitiva se alcanza gracias a las mutaciones físicas, fisiológicas, etc., de manera interrelacionada. Su capacidad cognitiva le ha permitido desarrollar formas de transmisión de conocimiento orales y, más tarde, escritas. Lo que se conoce del medio no solo se remite al contexto inmediato o a las prácticas orales, sino también al conocimiento acumulado en los libros y otros objetos. La diferencia con los animales radica en la capacidad para acumular el conocimiento e ir generando formas de relaciones sociales diferenciadas por comunidades y estados que podemos denominar cultura. Aprender es el proceso por el cual el sujeto conoce la realidad y opera en base a ese conocimiento.

Entonces, tenemos que el ser humano es un ser vivo biológico y un ser social. Por lo tanto, las operaciones que se acerquen a alguna de las diversas manifestaciones culturales del presente o vayan en la línea de mantener la supervivencia del sujeto o la especie se les denomina como racionales. Aquellas manifestaciones en contra serán irracionales. Esta idea de racionalidad también nos vale para los seres vivos no humanos. Antes de nada, vamos a señalar una diferencia más entre el aprendizaje de los animales y seres humanos. Los animales, por situarse en un plano diferente de la evolución animal, se encuentran más anclados a los sentidos y sus conductas son más simples y predecibles que las de los humanos que con su capacidad de reflexión y meta reflexión son capaces de generar conductas más complejas (Aquí podríamos hablar de si los seres humanos generan acciones ex nihilo, de la nada, sin que estas conductas estén ancladas a los percibido, pero eso lo dejamos para otra ocasión por ser un tema más complejo).

El aprendizaje del ser humano requiere introducirse en el conocimiento básico para poder moverse de manera autónoma en la sociedad en la que se encuentra, esto es, el proceso de aprender nos dirige a la capacidad de operar para dominar los elementos de la sociedad y la naturaleza. Todos nacemos en el seno de una sociedad particular y necesitamos una serie de conocimientos para poder desenvolvernos sin depender de nadie, algo que ocurre en la mayor parte de nuestra infancia. Se podría decir que esta autonomía se alcanza cuando trabajamos, esto es, cuando aportamos nuestra fuerza de trabajo a la sociedad y recibimos un salario por ello. Esta es la principal fuente de integración social para la mayoría de las personas. El aprendizaje se dirige, principalmente, hacia este cometido, la adquisición de conocimiento y capacidades en un campo profesional.

Se podría decir que los aprendizajes indispensables orbitan alrededor de dos formas de operar en el medio: 1) el trabajo para aportar a la sociedad y 2) los modos de convivencia. En un primer momento de la historia, estos modos de convivencia como el desarrollo de las profesiones estaba limitados a zonas geográficas y a relaciones sociales más reducidas y donde intervenían menos personas. Con el paso del tiempo, se ha complejizado tanto el trabajo como las relaciones sociales. Pero, de cualquier manera, el aprendizaje va encaminado principalmente a esas normas y esa profesión que en la actualidad nos permita domeñar la realidad social y natural. Esta idea nos anima a evaluar la sociedad humana en su conjunto de manera cualitativa y cuantitativa desde la idea del progreso y mejora continua. Esto, de manera generalizada, es un error. Puede que hoy en día tengamos un mayor conocimiento de la realidad o que nuestros niveles de salud hayan aumentado a nivel global, pero, en otros ámbitos del ser humano y en diferentes estados y regiones del mundo, podemos asistir a las mismas injusticias y problemas de hace 2000 mil años. Lo que se aprende en un momento dado no deja de ser un reflejo o la concreción del sentido que lleva una sociedad. Este sentido no es previsible, ya que se produce en el entrelazamiento de los sujetos y grupos sociales donde fluye la espontaneidad y la contingencia por encima de la sistematicidad y relaciones causa-efecto inamovibles puesto que estamos hablando del campo de las ciencias sociales, ni sabemos muy bien adonde nos conduce, ya que los resultados de estas relaciones son contingente, se producen en un acontecimiento que puede establecer una ruptura más o menos intensa, cuando apenas se producen cambios sociales o personales diremos que la ruptura es mínima o reducida y cuando se producen cambios o transformaciones sociales o personales amplios diremos que la ruptura es amplia o significativa. Por ello es necesario estar en constante alerta desde posiciones críticas para vislumbrar el devenir de una sociedad y señalar que elementos del aprendizaje se deben cambiar o eliminar para desviar hacia un sentido adecuado el devenir de la sociedad.

El aprendizaje se produce de manera espontánea y contingente en las relaciones que establece el sujeto con la sociedad. Este tipo de aprendizaje podemos denominarlo informal, ya que no tiene una forma asignada y se puede generar en diferentes contextos. El aprendizaje informal se puede dar de manera individual por un sujeto o de manera organizada por un grupo de personas fuera de los cauces formales impuesto por el estado. En todas las sociedades a lo largo de la historia no hemos encontrado prácticas más o menos formales de aprendizaje o prácticas que han estado bajo el control del estado o el estado ha dejado libertad para desarrollarlas sin interferir. Estas prácticas formales nacen por la necesidad social de instruir a personas en determinadas artes.

A la idea de aprendizaje le acompaña otro concepto como es el de enseñanza. Lo que aprendemos los sujetos lo hemos aprendido de alguien que ha adquirido el conocimiento y las capacidades. Al proceso de enseñanza aprendizaje es lo que comúnmente se conoce como Educación. Las primeras instituciones formales tienen como objetivo el aprendizaje de la escritura para generar un cuerpo de funcionarios que organicen el estado o los proto estados (Cfr. James Bower, Historia de la educación occidental, 1976). Aquí se observa la importancia de la educación para el mantenimiento del estado donde esta sirve de manera directa a los intereses del estado. El estado ha tenido interés en el desarrollo de la educación y la investigación ya sea de una manera directa, para generar mano de obra cualificada o descubrir la bomba atómica, o indirecta, por el prestigio social, como la fundación de la Biblioteca de Alejandría por Ptolomeo a partir de la biblioteca de Aristóteles (Cfr. Isaac Asimov, Historia de los Egipcios, 1993).

Visto la idea de evaluación y aprendizaje, vamos a ver qué entendemos por innovación, un concepto clave para pensar en aquellas prácticas evaluativas que puedan superar lo que hemos hecho anteriormente.

Cuando hablamos de **innovación** lo primero que pensamos es que nos encontramos ante algo nuevo, ante algo que antes no se utilizaba. Entonces, innovar en educación es algo así como introducir una metodología, herramienta, actividad, evaluación, etc. que no utilizábamos antes y con lo que se supone que estamos generando procesos y experiéncias y, por ende, llegaremos a resultados diferentes. Si le digo a alguno de mis compañeros docentes que quiero innovar en el aula con una metodología o actividades que no se hayan visto antes y me ven repasando libros de Platón o Aristóteles tal vez me dirán que voy por mal camino. La innovación se apareja al desarrollo, al progreso y, en última instancia, al uso de recursos digitales y tecnológicos. En realidad, esto no es así. De hecho, la innovación no tiene porque encontrarse en nuevas herramientas o metodologías que dejen atrás las metodologías o recursos antiguos.

Lo primero que debemos tener en cuenta es que esto de la innovación es un concepto más bien oscuro y confuso sobre todo por el reiterado uso que se hace de él a modo de apellido: siempre que queremos decir que vamos a ver lo último o lo más novedoso utilizamos la palabra innovación. De hecho, si vemos algo que lleva aparejada la palabra innovación estamos más seguros de querer adquirirlo. Si alguien nos vende un curso de educación tradicional estamos seguro de que nadie querría comprarlo, pero si es un curso de educación innovadora. La curiosos es que la educación mal llamada tradicional es la única que da resultados de calidad. Para indagar sobre esto podemos consultar el libro La escuela no es un parque de atracciones de Gregorio Luri o La buena y la mala educación de Inger Enkvist.

Cuando nos dirigimos hacia la definición etimológica de innovar nos damos cuenta de que no tiene tanto que ver con utilizar lo último o el uso de cosas antes inexistentes. El verbo innovar proviene de latín innovare que se compone del prefijo in- que significa introducir y de novus que significa nuevo, reciente, joven, o novo, que significa renovar, rehacer, hace de nuevo, reparar, restaurar (Segura, 2010). Vemos que en el origen etimológico de la palabra innovación encontramos ideas que tiene que ver con recuperar o volver a utilizar lo que ya existía. Si vamos al diccionario de la RAE (2024) este arroja dos acepciones:

1) Mudar o alterar algo, introduciendo novedades, y una que está en desuso:

2) Volver algo a su anterior estado.[1] En realidad, ninguna de las dos acciones señala la necesidad de encontrarse con algo que antes no existía.

La reflexión que se abre a partir de aquí señala la necesidad de erradicar la imagen de que la innovación es algo que antes no existía o algo que antes no se ha utilizado. Esto nos permita salir de un pensamiento monodireccional, dirigido solo hacia el frente, hacia el progreso y lo futurible. De hecho, la innovación guarda más relación con un conocimiento profundo del pasado y con la revisión de aquellas ideas y perspectivas utilizadas y desarrolladas por otros autores. La propia idea de innovación en su sentido etimológico y acepción registrada en el diccionario nos dirige a la idea de volver sobre el camino andado, revisar las teorías y perspectivas educativas, filosóficas o políticas dentro del campo de las ciencias sociales para volver a pensar y reflexionar sobre las prácticas presentes con el pasado como guía y con el futuro como horizonte.

De hecho, cuando decimos que hemos descubierto algo que antes no existía o hemos creado algo nuevo como un nuevo metal o algo por el estilo, en realidad estas novedades están ancladas en elementos materiales que ya existían. Hasta llegar al smartphone hemos tenido que pasar por los teléfonos de mesa, el código morse y las señales de humo. Hay una evolución en los materiales generados a través de lo ya existente. Cuando se crea la bombilla y se ilumina para dar luz, este proceso emerge de los materiales ya existentes unidos de forma diferente a la que se ha hecho. Tal vez la acepción de innovación que más viene al caso es la del establecimiento de pequeñas transformaciones y mutaciones.

Es cierto que hay elementos que han tenido que sufrir cambios a lo largo de la historia y que nos encontramos ante cosas novedosas, pero estas novedades no rompen con lo anterior, solo lo mejoran introduciendo nuevas perspectivas, enfoques o añadiendo algún elemento material que permite al aparato ejercer otra función. Pero, y esto es importante sobre todo en educación, recalcar que no se produce una ruptura con la historia y con el proceso histórico. En ocasiones, es necesario volver a revisar los textos de Platón o Aristóteles para ver de qué manera podemos interpretar de nuevo sus textos a la luz de los avances que hemos realizado hoy en día. Podemos pensar que esta idea sirve para las ciencias sociales y las ciencias de la educación. Pero incluso para las ciencias naturales y físicas se pueden dar casos donde al echar mano de libros antiguos se obtengan elementos que nos permita mejorar los procesos actuales.

Entonces, la innovación en evaluación tiene que ver con introducir pequeños cambios y transformaciones en algunos elementos relacionados con el diseño, proceso, materiales y herramientas de recogida de datos y presentación de resultados y estrategias para la toma de decisiones sobre la evaluación. La mejor manera de asegurarnos de que los pequeños cambios que vamos a introducir son innovadores es la obtener un conocimiento profundo sobre los modelos y programas de evaluación en educación. Esto nos va a permitir pensar sobre lo que ya se ha hecho para plantear nuevos enfoques o perspectivas y, tal vez, generar un enfoque o perspectiva que no se haya utilizado antes. Esto quiere decir que debemos conocer todos los elementos, procesos, perspectivas, etc, que se han propuesto en la historia de la evaluación educativa. Y no solo eso, la aparición de la evaluación tuvo que llevar aparejado cierto uso de manuales y metodologías en educación particulares, por lo que el conocimiento de la evaluación se debe relacionar con el de la educación en general y con otros ámbitos en particular.

2 Evaluar el aprendizaje: una perspectiva histórica

Si el aprendizaje es la adquisición de las competencias, conocimientos y capacidades para el desempeño de una profesión y para la adquisición de pautas de convivencia que permitan la estabilidad social, la evaluación deberá ir encaminada a valorar si se ha alcanzado o no los requisitos para decir que podemos desempeñar tal profesión o somos capaces de vivir de manera autónoma en equilibrio y armonía con otras personas. Vamos a conocer de qué manera ha evolucionado la evaluación a lo largo de la historia.

1° Etapa: la medida

En la historia se han visto diferentes formas de evaluar las capacidades y competencias de los sujetos como señala Sacristán (Sacristán, 1992). Lo que caracteriza a esta etapa es la necesidad de medir las capacidades y competencias de los sujetos sin relacionarlo con el currículum o un programa educativo más amplio. Esto es lo que se denomina la época pretyleriana. Esta época puede decirse que va desde el año 2000 antes de Cristo cuando se observan las primeras formas de evaluación (Alcaraz, 2015), aunque no es hasta finales del siglo XIX que se comienzan a utilizar las primeras evaluaciones estandarizadas. Esta etapa finaliza en 1930. También se denomina época pre tyleriana.

Esta etapa se basó en la medición del sujeto con el único fin de medir sus capacidad o habilidades sin ninguna relación con los objetivos y contenidos de las escuelas. Se buscaba, principalmente, la diferencia entre individuos. El evaluador era visto como un técnico que debía aplicar una serie de instrumentos (Guba y Lincoln, 1989). Esta etapa está influenciada por el nacimiento de la psicología de la mano de Wundt y la rama conductista, impulsada por los trabajos de Watson y Skinner, que dominó los primeros años de esta disciplina escindida de la filosofía.

No obstante, si se desarrollaron algunas experiencias en Estados Unidos e Inglaterra para conocer el progreso escolar de los estudiantes (Alcaraz, 2015). Como señalan Guba y Lincoln (1989), la primera investigación en educación se basaba en las primeras evaluaciones orales y con respuestas sencillas de responder donde se sacaban conclusiones sobre la pertinencia de los procesos escolares y la posibilidad de mejora del rendimiento académico. De igual manera, a principios del S. XX, Alfred Binet desarrolla una prueba, demandado por el ministro de Educación de Francia, para conocer el grado de educabilidad de los niños con retraso mental. Esta prueba se traduce al inglés y es adaptado por Louis Terman en 1916 para el contexto norteamericano, quedando esta prueba, y las sucesivas mejoras que se han hecho, como un elemento clave del proceso educativo. Otro ejemplo fue la prueba que se desarrolló para cribar a los soldados estadounidense que iban a la I Guerra Mundial. Se denominó Army Alpha y fue adaptado por Arthur Otis, presidente

de la APA (American Psychology Association), para usarlo en los centros escolares El desarrollo de la evaluación se debe a diversos factores, pero Guba y Lincoln señalan dos: la necesidad estudiar las ciencias sociales de una forma más científica y la necesidad de eficiencias y eficacia dentro de la industria que acabó influir en la cultura de los centros escolares (Guba y Lincoln, 1989).

2° Etapa: la descripción o etapa tyleriana

Esta etapa es denominada de la descripción por Guba y Lincoln y Tyleriana por Stufflebeam y Shinkfield (2005), y abarca desde 1930 hasta 1956, y no hasta 1957 como señala Alcaraz (2015), en el siguiente apartado veremos porqué. En 1933, Ralph Tyler desarrolló una serie de cuestionarios destinado a la medición del curso de estudiante de ocho años de Estados Unidos para ver si los estudiantes habían alcanzado el conocimiento y las capacidades que se supone que habían sido enseñadas por sus profesores, se estaba evalúan lo adecuado que era el currículum.

La evaluación no se centraba solo en las diferencias entre estudiantes sino en la adecuación del programa de estudio. Guba y Lincoln denominan a esta etapa como descriptiva ya que Tyler se propone describir los elementos positivos y negativos del programa curricular. Tyler desarrolla la evaluación formativa, ya que permite conocer de manera paulatina los elementos que, de alguna manera, funciona y los que no funcionan para alcanzar los objetivos planteados por los docentes. Aquí se comienza a diferenciar entre medir las capacidades o competencias del sujeto para compararlo con otros con la evaluación, centrada en la adecuación del programa curricular para la enseñanza con relación a los datos ofrecidos por los estudiantes. Tyler es considerado el padre de la evaluación a raíz de la publicación del tercer tomo de su trabajo de evaluación a los niños de 8 años en 1942 denominado Appraising and recording student progress, de un total de 5 tomos. Tyler propone una evaluación científica y acorde a las necesidades de progreso y mejora de un sistema educativo que debía servir para la mejora de la calidad de vida de las personas a través de la economía, entre otros elementos. Se puede decir que Tyler acuña el concepto de evaluación educativa como aquella que compara los objetivos previstos con el logro alcanzado.

La necesidad de la sistematicidad científica de la evaluación surge desde diferentes frentes: 1) Por la emergencia y valoración del positivismo y el empirismo que, como hemos visto, se relaciona con la educación a través de las propuestas de la psicología conductista, 2) el desarrollo de la tecnociencia y la industria, 3) el desarrollo capitalista y el ethos de la eficiencia, la eficacia y la productividad, 4) la influencia de las teorías de Darwin sobre la evolución de las especies y 5) el desarrollo de los métodos estadísticos (Arredondo y Cabrerizo, 2010; Escudero, 2003; Guba y Lincoln, 1989; Stufflebeam y Shinkfield, 2005)

Desde los años 40 al 50, Stufflebeam y Shinkfield señalan que se dio en EE. UU. la época de la inocencia o de irresponsabilidad social, periodo destacado por una expansión de la educación pública a través de la construcción de escuelas, servicios de comida, enseñanza

de deportes y música, desarrollo de escuelas comunitarias, etc., periodo en el que no se prestó especial atención desde la función pública a la importancia de la evaluación para conocer el estado de la educación. Esto dio paso a la etapa siguiente.

3º Etapa: Juicio

Esta etapa es denominada como la del juicio por Guba y Lincoln y la de la realidad por Stufflebeam y Shinkfield que abarca desde 1956 hasta 1972. Para comprender esta etapa, hay que ubicarla en el contexto histórico, social y cultural de la época. Después de la Segunda Guerra Mundial, emerge la guerra fría entre los dos bloques económico y político hegemónicos: los Estados Unidos, basados en una perspectiva liberal y capitalista y la URSS, basada en la perspectiva comunista de Marx, Engels, Lenin y Stalin. La URSS había conseguido poner el satélite Sputnik en órbita el 4 de octubre de 1957. Después pondrían al primer animal, la perra Laika, el primer hombre, Yuri Gagarin, y a la primera mujer, Valentina Tereshkova, en órbita. El lanzamiento del Sputnik 1 supuso un shock para los EE. UU. Un país como la Rusia Zarista que a principios del s. XX estaba compuesto de campesinos analfabetos y apenas estaba industrializado, para finales de los años 50, gracias a la planificación económica y social comunista, había conseguido alcanzar niveles de desarrollo iguales o superiores a los de los EE. UU., y esto teniendo en cuenta que el esfuerzo de la URSS fue mayor durante la Segunda Guerra Mundial, que prácticamente ganaron solos sin ayuda gastando más recursos materiales y humanos. El desarrollo en Educación era mayor en la URSS que en los EE. UU., por lo que los EE. UU. se involucraron en una serie de cambios para mejorar el rendimiento escolar en física, biología y matemáticas.

Otro hito importante es que en 1956 (aquí la justificación de este año para señalar el comienzo de esta época) aparece la taxonomía de Bloom en su libro Taxonomy of Educational Object Handbook 1, libro influenciado por el trabajo de Tyler, como bien se señala en la contraportada. El libro ofrece una taxonomía, una organización y estructuración de los objetivos que se deben trabajar en las escuelas. Es curioso que entre las competencias más elevadas que deben alcanzar los estudiantes se encuentra la evaluación. La evaluación es definida como "juicio del valor material y métodos para un propósito dado" (Bloom, p. 207). Y esta evaluación puede ser cuantitativa o cualitativa y según criterios internos o externos de satisfacción, esto es, propios del sujeto o dados al sujeto.

Según Guba y Lincoln, estamos ante la etapa del juicio porque, gracias al aporte de Robert Stake, se vio que el objetivo de la evaluación no podía ser solo la descripción, propio de la etapa tyleriana, sino que debía dar juicios de valor sobre lo evaluador. Para esto, los objetivos debían señalar una puesta en práctica, debían de señalar una acción del sujeto, tal y como seguimos lo que señalan Guba y Lincoln sobre el aporte de Scriven, y debían de tener unos estándares para que estos señalaran el alcance del objetivo, según Stake. De cualquier manera, la evaluación ya no podía ser más una mera descripción de lo que ocurría, sino que debía juzgar el nivel alcanzado por los estudiantes.

Stufflebeam y Shinkfield denomina a esta etapa de realidad porque las evaluaciones debían reflejar la realidad que estaban evaluando. Debían tenerse en cuenta no solo los resultados de los estudiantes, como señaló Cronbach (1963), sino que la evaluación debe contemplar, aparte del juicio de valor del currículum, la idoneidad de los objetivos propuestos, la implementación de los procesos educativos o los objetivos alcanzados del programa. En esta etapa surgen diferentes modelos de evaluación como los de Eisner, Hammond, Scriven o Stufflebeam.

4° Etapa: profesionalización

Esta etapa es la que se conoce como la etapa de profesionalización según Stufflebeam y Shinkfield. Esta etapa se puede caracterizar por 1) la explosión de métodos de evaluación, tanto cuantitativos como cualitativos, 2) la aparición de revistas y 3) la aparición de cursos de formación y acreditaciones para el evaluador profesional. Esta etapa comienza en 1973 y llega hasta nuestros días.

Tal vez, hoy en día nos encontramos en una etapa donde la evaluación se caracteriza por integrar las sensibilidades pertinentes en cada momento. La perspectiva postmodernista que se conceptualiza desde el aporte de Lyotard, con La condición postmoderna de 1979, ha conseguido la primacía de los pequeños y locales relatos por la muerte de los grandes relatos. Esta primacía de los pequeños relatos impregna la cultura actual donde cada grupo social requiere su parte de atención. Por otro lado, los estudios críticos que emergen de la teoría crítica de la Escuela de Frankfurt han generado equipos de investigación centrados en los grupos sociales vulnerables o minoritarios como los afrodescendientes o los grupos LGTBI+. Esto ha hecho la sensibilidad social y cultural por las minorías se expanda y se tengan en cuenta las características y vulnerabilidad de estos colectivos. En los estudios a nivel nacional e internacional se busca la comparación de datos según el género, la etnia, y según el género y la etnia juntos. O si la gente vive en zona rural o urbana, si su sexo es masculino, femenino u otro y la cantidad de libros que lee en un mes. Por otro lado, la complejidad progresiva de la sociedad y el avance del conocimiento en el ámbito de la educación impulsan la necesidad de datos más refinados, delimitados y que busquen diferentes tipos de contenido para obtener información lo más completa posible y adecuada a una realidad con falta de certezas. Esto hace necesario que los instrumentos de evaluación avanzan en la mejora de la formulación de preguntas y afinen la información a extraer de los participantes. El desarrollo de los programas de análisis de datos ha permitido la obtención de información cada vez más compleja, no solo descriptiva, sino extraída de correlaciones y metaanálisis. Esta etapa se podría llamar de la complejidad.

***

De cualquier manera, Guba y Lincoln observan algunos problemas que derivan del sentido que ha tomado el desarrollo y progreso de la de evaluación y su aplicación. Uno de ellos es el fuerte sentido gerencialista. La evaluación se ha convertido en un instrumento para conocer cómo funciona la educación y poder tomar decisiones de acuerdo con estos datos. Si algo falla, se pone en cuestión a lo que está siendo evaluado, pero la gerencia de lo que está siendo evaluado no entra dentro de la evaluación. Es una perspectiva no integral donde la evaluación es un instrumento externo para la rendición de cuentas. Y quién ha pedido la evaluación es quién tiene el poder de tomar decisiones sobre estos datos sin contar con las otras partes de la comunidad educativa. La información recogida por el evaluador no tiene por qué ser compartida con el resto de la comunidad ya que la relación contractual se da entre el gerente o director de la institución y la persona u organismo que realiza la evaluación. Otro problema de la perspectiva gerencialista es la probabilidad de que el evaluador y el gerente acaben manteniendo una relación de comodidad y el uno con el otro haciendo que la evaluación se desvirtúe y pierda su potencial para conocer la realidad y su legitimidad para dar cuenta de lo que ocurre.

Otro problema radica en que la evaluación es un acto político que pone de relieve una serie de valores y los valores que pone de relieve un tipo de evaluación gerencialista y monolítica basada en una perspectiva de la rendición de cuentas va en contra de la pluralidad de valores. Como ya hemos dejado entrever, en la actualidad vivimos en sociedades donde los valores que se defienden son plurales diferentes sensibilidades piden el reconocimiento de valores asociados a sus formas de resistencia y re-existencia. La visión positivista de una evaluación libre de valores es una forma de defender los valores que sostienen la perspectiva gerencialista.

De igual manera, esta perspectiva positivista se basa en la idea de que la evaluación nos puede ayudar a predecir y a conocer la realidad de manera objetiva para poder explotarla. Se trata de aplicar la lógica empirista y objetiva de las ciencias naturales a las ciencias sociales. La evaluación era como una técnica que se podía aplicar para conocer de manera impoluta y clarividente la realidad social de los sujetos que se supone actuaban bajo la ley de la causa-efecto.

Esta visión ha predominado en las diferentes ramas del conocimiento impulsada, principalmente, desde la ciencia y el progreso técnico. Desde las ciencias sociales y la perspectiva crítica se ha generado un cuerpo de conocimiento que ponen en duda el sistema monolítico positivista para dar cabida a la compleja variabilidad de la elección del sujeto y la posibilidad de generar una actividad voluntarista y activa creativa, esto es, no podemos entender al ser humano como una reacción ante la realidad, sino como un ente programado para generar respuestas ex nihilo, creativas e imprevisibles.

Una conclusión sobre el concepto de evaluación es que esta ha ido evolucionando según el contexto histórico. Como cualquier otro concepto, está anclado a las relaciones materiales entre los sujetos que nos disponen hacia una u otra ideología, esto es, conjunto de ideas sobre cómo es la realidad y cómo debemos actuar ante ella. Parece que estamos

en un momento donde se integran todas las posibilidades de conocimiento y se reconocen las diferentes sensibilidades sociales. Podría señalarse que la evolución del concepto de evaluación dependerá de la correlación de ideas en un contexto particular dado con relación a una forma de entender los procesos educativos que tendrán nexos más o menos claros con las políticas educativas, sociales, culturales o económicas, esto es así porque no podemos hablar de un determinismo causal directo entre ideas y acciones, sino que debemos estar atentos a las relaciones materiales y formales existentes para dilucidar estos nexos.

Etapa actual: Del enfoque técnico al crítico

Siguiendo a Santos Guerra (2017), y con relación a los vistos anteriormente, podemos distinguir dos posturas diferenciadas en la actualidad con relación a la evaluación educativa: el enfoque técnico y el enfoque crítico.

Como señala Santos Guerra, no se puede pensar en la evaluación sin pensar en el proceso de enseñanza aprendizaje, ya que la evaluación es un elemento más del proceso educativo. Cuando pensamos en qué objetivos queremos que alcancen los estudiantes, estamos delimitando las posibilidades de la evaluación, así como la metodología. Si el objetivo es que los estudiantes conozcan los ríos de Ecuador, la evaluación deberá comprobar que los estudiantes conocen el nombre de los ríos y la metodología será principalmente directa y basada en la instrucción. Si queremos que los niños reconozcan el rio en un mapa la evaluación deberá dirigirse a señalar el río en el mapa y la metodología podrá incorporar actividades donde se dibuje y se trace la forma del río. La perspectiva desde la que se comprenda y se aplique la evaluación, así como la formulación de objetivos, la selección de contenidos o metodologías determinará el curso del proceso de enseñanza, esto es, lo que se hace con el alumnado dentro del aula generando no solo dinámicas metodológicas particulares para la enseñanza de unos contenidos, sino que irá desarrollando de manera subrepticia una forma de ver, entender y actuar frente a la vida. Si los estudiantes deben pasar largas horas memorizando contenidos, aprenderán a esforzarse, ampliarán su capacidad de retención y memoria, sus habilidades de estudio, etc., pero también aprenderán a responder el examen según las exigencias del docente o les faltará desarrollar habilidades para el trabajo en grupo. En la escuela se a ser y estar en el mundo y la evaluación influye de manera directa. Y este ser y estar en el mundo tiene que ver con la forma de relacionarnos con los otros, las elecciones que tomamos o lo que valoramos de nuestra vida, es decir, la educación es una parte de la sociedad que puede favorecer o resistir la reproducción de esta, pero es solo una parte colindante con la familia, la comunidad, los medios de comunicación, etc.

El enfoque técnico/positivista señala que la evaluación es una actividad objetiva desarrollada por un sujeto que medirá de manera exacta los estándares planteados para los estudiantes o el centro escolar. Este es el enfoque criticado anteriormente por Guba y Lincoln. Dentro de este enfoque, y teniendo en cuenta lo que hemos señalado sobre que la evaluación es una construcción social, la evaluación se perfila como una construcción utilizada para ejercer el poder y el control sobre las personas evaluadas en tanto que quién encarga la evaluación no se incluye en la evaluación y no toma la evaluación desde una perspectiva integral y orgánica donde la evaluación es parte del proceso de enseñanza aprendizaje.

La naturaleza de la evaluación técnica supone la evaluación de unos estándares de calidad iguales para todos los estudiantes a través de pruebas estandarizadas. La forma en la que se conciba la evaluación guarda relación con uno de los fenómenos más destacados dentro de la cuestión educativa, que también es una cuestión social y política, como es el fracaso escolar o la calidad de la enseñanza. Una evaluación positivista estandarizada para todos los estudiantes no tiene en cuenta el progreso de los estudiantes, las dificultades contextuales y sociales o las posibles dificultades personales causa de algún trauma o discapacidad. Por otro lado, es cierto que lo que evaluamos con el examen es el proceso educativo donde el docente tuvo que prever estos elementos e intentar superarlos y compensarlo, ya que se supone que lo evaluado son contenidos, habilidades, competencias, capacidades, etc., que todos los estudiantes deben tener para integrarse en la sociedad.

Algunas funciones de este tipo de evaluación son, según Santos Guerra (p. 19):

Control: Se controla el nivel de avance o de logro según una serie de estándares.

Selección: Quién no alcanza los estándares debe seguir cursos de apoyo, matricularse en grupos especiales, recibir refuerzo o repetir de curso. La evaluación intenta cribar y seleccionar a aquellos más aptos para el estudio.

Comprobación: Este tipo de evaluación permite conocer si se han alcanzado unos estándares o no.

Clasificación: Los datos numéricos permiten establecer clasificaciones.

Acreditación: La superación de unos estándares certifica el nivel educativo alcanzado y esto da opción a otros niveles educativos o la apertura a otras funciones sociales como el trabajo.

Jerarquización: Se establece una jerarquía impuesta por el evaluador ya sea entre él y el resto o entre otros compañeros.

Las consecuencias de este enfoque son las siguientes (p. 20):

Se genera una cultura del individualismo ya que se ratifica el fracaso o éxito individual donde cada estudiante es dueño de su rendimiento según su esfuerzo sin que existan otros valores relevantes.

Esto da paso a la cultura de la competitividad donde los sujetos debe competir con ellos mismo y por el resto por obtener los mejores resultados. En la escuela todos pueden acceder a calificaciones alta, pero esto impregna a los estudiantes la idea de que en determinadas ocasiones deberemos estar por encima de los demás para obtener según qué beneficios como, por ejemplo, un trabajo o una beca.

La cultura de la cuantificación va de la mano del modelo positivista. Todo debe ser medido con exactitud mediante números que señalan la exactitud de la realidad. Estas ideas se extrapolan a otros ámbitos de la vida como las relaciones sociales o nuestra relación con nosotros mismos donde tenemos la necesidad de agradar siempre o conseguir altos niveles de felicidad y sociabilidad.

La cultura de la simplificación ya que lo cuantificable deja de lado matices propios de las relaciones sociales y la complejidad de los procesos sociales y educativos. La evaluación cuantitativa tiene sus límites que vienen a completarse con datos cualitativos provenientes de las opiniones, creencias, miedos o ilusiones de las personas.

La cultura de la inmediatez ya que estas evaluaciones nos hacen pensar en el paso siguiente, en el logro y el estándar siguientes que debemos alcanzar dentro del sistema educativo.

Podemos añadir una cultura finalista y lineal donde se busca el resultado final, lo importante es el número o la evaluación recibida, pero no el proceso. El esfuerzo de un estudiante se mide por su calificación final, pero no por el progreso desarrollado. Y el proceso evaluativo positivista solo te permite ir hacia delante, no hay posibilidad de reflexión y redención sobre tus actos. Las evaluaciones marcan el final del camino que no puede volver a andarse, solo, en tal caso, se puede repetir de curso, un fenómeno que es un indicador de fracaso escolar.

El enfoque crítico entiende la evaluación como un procesos reflexivo y comprensivo de la enseñanza aprendizaje, en contra del sentido finalista de la evaluación técnica. La perspectiva crítica tiene su origen en los filósofos de la Escuela de Frankfurt que desarrollan la Teoría Crítica a partir del marxismo. La naturaleza del enfoque es la comprensión integral del objeto evaluado a partir de diferentes instrumentos que pueden ser cuantitativos, pero debe integrar los elementos cualitativos que nos permiten conocer en profundidad lo evaluado. Esta evaluación es parte del proceso, conlleva la actuación de diferentes actores, incluidos los estudiantes, que no son vistos como objetos de los que extraer información, sino como sujetos activos que pueden aportar a la evaluación desde la reflexión y crítica sobre su práctica. Esta evaluación busca incluir a todos los elementos implicados en la evaluación según cada caso, tanto a los estudiantes como las herramientas utilizadas o la actitud y propósitos del evaluador o el propósito de la evaluación.

Entre sus funciones, Santos Guerra destaca las siguientes (p. 22):

Diagnóstico integral que permita conocer el proceso de los estudiantes teniendo en cuenta su nivel inicial, sus limitaciones sociales y personales y los factores de la institución que puedan estar intercediendo en el aprendizaje.

Diálogo idea central de la evaluación. La evaluación es vista como un proceso de reflexión y crítica a través del diálogo. Es un elemento más del proceso de enseñanza en el que sería adecuado involucrar a las familias.

Comprensión: La idea de la evaluación es comprender por encima de la calificación o clasificación.

Retroalimentación: La evaluación es vista como un proceso continuo de mejora y desarrollo personal y de la institución en su conjunto. El valor de la evaluación radica en la posibilidad de enmendar posibles errores en el proceso de enseñanza aprendizaje.

Aprendizaje: La evaluación se centra en la significación del aprendizaje, la adecuación de los contenidos y la idoneidad de la metodología.

Las consecuencias de este enfoque según Santos Guerra son (p. 23):

Se genera una cultura de la autocrítica ya que la evaluación necesita de una actitud reflexiva continua sobre las acciones todos los sujetos involucrados: docentes, estudiantes, familias o equipo directivo. Se trata de una autorreflexión de la comunidad educativa.

Esto da pie a una cultura del debate, ya que la reflexión no se puede realizar en soliloquio o en parejas. Es necesario que se abra la reflexión a los miembros del centro escolar para participar en una puesta en común y crítica de los elementos que influyen en el proceso de enseñanza aprendizaje que pueden estar funcionando y cuáles deben ser transformados.

Se produce una cultura de la incertidumbre donde lo evaluado no es algo final de lo que se deban sacar conclusiones, sino que es algo que se debe problematizar, no debemos fiarnos de los resultados finales a pesar de que el proceso de evaluación haya transcurrido según lo planeado. Es necesario problematizar y volver a preguntarse sobre los elementos del proceso de enseñanza, incluso sobre aquellos que parecen inamovibles.

De igual manera, este enfoque nos lleva hacia una cultura de la flexibilidad ya que la rigidez de la evaluación conlleve a la reproducción de los elementos que fallan y no nos permitan avanzar hacia la mejora. La flexibilidad nos permite volver a pensar sobre los procesos, los objetivos, las herramientas, etc., incluso realizar pequeños cambios durante los procesos evaluativos si creemos que estos van a mejorar el objetivo de la evaluación. No hay que confundir flexibilidad con relativismo. No debemos caer en la idea de que cualquier elemento es adecuado para introducirlo en la evaluación o quedarnos con la idea de que lo bueno es probar diferentes alternativas. Es necesario plantear la evaluación desde la sistematicidad y el orden para poder obtener resultados fiables y válidos que nos permitan tomar decisiones con relación a los valores de la institución.

Por último, el diálogo, la reflexión y la inclusión en los procesos evaluativos nos lleva a la cultura de la colegialidad donde se genera la corresponsabilidad de la evaluación donde todos somos necesarios e indispensables para que la evaluación llegue a buen puerto y de los frutos esperados. La cultura de la colegialidad considera a los miembros de la comunidad escolar como sujetos de razón y capaces de transformar la realidad en la que viven a partir del compromiso y el esfuerzo por el progreso y desarrollo de los estudiantes.

Conclusiones

La evaluación es una construcción social. La evaluación supone sacar información de un sistema social y natural de elementos. La evaluación se integra dentro de los procesos escolares y es parte fundamental e influye en la selección de objetivos, contenidos, métodos de enseñanza o en la definición del fracaso y del éxito escolar. Podemos distinguir dos perspectivas claras: una basada en la perspectiva positivista y otra en la perspectiva interpretativa comprensiva. Una de las preguntas clave es cuál de estas perspectivas es la adecuada para evaluar a los estudiantes. En realidad, como hemos visto, esto solo se puede contestar al montar el sistema educativo. La evaluación se relaciona con una serie de ideas sobre la realidad, sobre cómo es la realidad y cómo debemos actuar en ella.

Referencias

Arredondo, S. y Cabrerizo, J. (2010). *La práctica de la evaluación educativa*. Pearson.

Diccionario Latín-Castellano Anaya (s.f.). Ex. https://www.edistribucion.es/anayaeducacion/8450030/recursos/UD_02/dicc_Latin_Cas te.pdf

Diccionario Latín-Castellano Anaya (s.f.). Valui. https://www.edistribucion.es/anayaeducacion/8450030/recursos/UD_02/dicc_Latin_Cas te.pdf

Escudero, T. (2003). Desde los tests hasta la investigación evaluativa actual. Un siglo, el XX, de intenso desarrollo de la evaluación en educación. *RELIEVE, 9*(1), 11-43. https://ojs.uv.es/index.php/RELIEVE/article/view/4348/4025

Guba y Lincoln (1989). *The fourth generation of evaluation*. SAGE.

Sacristán, G. (1992). La evaluación en la enseñanza. En Ángel Pérez y Gimeno Sacristán, *Comprender y transformar la enseñanza* (pp. 334-397), Morata.

Kellaghan, T., Stufflebeam, D. y Wingate, L. (2003). *International Handbook of Educational Evaluation*. Springer

Santos Guerra, M. A. (2017). *Evaluar con el corazón*. Homo Sapiens.

Segura, S. (2010). *Nuevo diccionario etimológico latín-español y voces derivadas*. Deusto.

Stufflebeam, D. y Shinkfield, A. (2005). *Evaluación sistemática*. Kluwer.

2 Modelos de evaluación

En este apartado vamos a presentar una serie de modelos de evaluación. El objetivo es conocer diferentes propuestas realizada por diferentes autores sobre la forma de evaluar. Esto nos permitirá tener un conocimiento profundo sobre los diferentes métodos, procesos, herramientas y perspectivas utilizadas por otros autores para conocer por qué caminos avanzar en la mejora de los procesos evaluativos. Vamos a estudiar los modelos alternativos a la evaluación, el modelo tyleriano, el modelo orientado al consumidor de Scriven, el CIPP de Stufflebeam, el modelo centrado en el cliente de Stake, el de cuarta generación de Guba y Lincoln y el modelo de Patton.

Modelos alternativos a la evaluación

Los modelos alternativos a la evaluación: pseudoevaluación y cuasievaluación. La tradición tyleriana. Nos encontramos las pseudoevaluaciones, cuasievaluaciones y las evaluaciones reales (Stufflebeam y Shinkfield, 2005).

Las pseudoevaluaciones son evaluaciones realizadas para convencer o conseguir un beneficio de alguien o de un conjunto de personas. Los resultados de estas evaluaciones suelen desviarse hacia los intereses de las persona que realiza la evaluación o que la financia. El desarrollo de este tipo de evaluaciones presenta omisiones a la hora de formular preguntas o en las respuestas que puede dar la gente. Por ejemplo, un tipo de pseudoevaluación serían las evaluaciones que realiza un partido político sobre su programa electoral para luego utilizar esta información en campaña. Un ejemplo de pregunta podría ser: Señale como está de satisfecho con las medidas del programa electoral. A) Algo satisfecho, B) Muy Satisfecho, C) Bastante Satisfecho. Aquí se observa que la escala propuesta no presenta dos extremos diferenciados donde algo satisfecho se convierte en una buena respuesta.

La cuasievaluación es un tipo de evaluación cuya forma es similar a las investigaciones cuasiexperimentales. En este caso, la cuasievaluación se caracteriza por limitarse en el objeto de estudio, por utilizar una herramienta de recogida de datos o por utilizar pocas preguntas para conocer el objeto de estudio. Un ejemplo de cuasievaluación sería la evaluación de rendimiento que realizamos a los estudiantes para conocer si han cumplido con los objetivos del curso. Un modelo importante dentro de la cuasievaluación es el modelo basado en objetivos propuesto por Tyler.

La tradición tyleriana

Ralph Tyler desarrolló lo que se considera como el primer modelo de evaluación sistemática donde se observa el nivel de cumplimiento de unos objetivos. El trabajo de Tyler se enmarca en la tradición positivista donde la realidad debe representarse a través de datos fiables que nos permitirán tomar decisiones en uno u otro sentido. Teniendo en cuenta la aplicación positivista a la educación desde la psicología, la importancia de la evaluación radicaba en la observación del comportamiento de los sujetos. Esta era la fuente principal y más fiable para conocer si unos objetivos se alcanzan. El reto era el de generar procesos y herramientas para obtener de manera más fidedigna posible los datos sobre estos comportamientos.

Los elementos clave del programa de evaluación tyleriano son los siguientes[1]:

Establecer metas u objetivos. Según Stufflebeam y Shinkfield (2005), Tyler entendía que las metas eran los objetivos del programa que regulaban el proceso de evaluación y los objetivos eran submetas medibles, esto es, los objetivos debían ser alcanzables, ya que representaban la unidades mínimas de evaluación, y las metas eran propósitos más ambiciosos que se podían alcanzar o no según si se alcanzaran los objetivos parciales.

Ubicar los objetivos en clasificaciones más amplias, ya que un objetivo representa una conducta observada de competencias más amplias.

Definir objetivos en términos conductuales. Como hemos señalado, en el ámbito de la educación, si queremos conocer si un estudiante ha adquirido un aprendizaje debemos establecer cuál va a ser la conducta a observar relacionada con tal o cual aprendizaje. Para determinados aprendizajes se pueden establecer varias conductas a observar. Por ejemplo, para conocer si un estudiante se sabe la tabla de multiplicar por 2 podemos realizar un examen escrito o una prueba oral. La conducta a observar será que escriba el resultado de unas multiplicaciones o que de ese resultado de viva voz.

Establecer situaciones y condiciones en las que el cumplimiento de los objetivos pueda ser demostrado. En el ejemplo anterior hemos señalado dos situaciones: el examen escrito y el examen oral.

Explicar el propósito de la estrategia a personas relevantes en situaciones seleccionadas.

Elegir o desarrollar técnicas de medición apropiadas. Siguiendo con el ejemplo, el examen escrito u oral tendrá unas características que lo disponen para obtener datos lo más cercanos a la realidad. Imaginemos un examen con 100 multiplicaciones que debe ser resuelto en menos de 20 minutos o un examen donde solo haya dos operaciones a realizar en 30 minutos. Estos dos ejemplos puede que no se ajusten a la idea de una medida fiable. En el primer caso podemos agotar por estrés a los estudiantes y en el segundo caso tenemos pocos datos para corroborar el aprendizaje de los estudiantes.

Recoger datos de desempeño (en el caso educativo, del desempeño de los estudiantes). El desempeño de los estudiantes se mide en el rendimiento académico. Los exámenes deberán tener una escala que nos permita conocer el nivel de logro según los objetivos Comparar los datos con los objetivos conductuales. Esto nos permite ver en qué grado se han alcanzado los objetivos y tomar decisiones en consonancia a la realidad.

El modelo tyleriano no se centra exclusivamente en el estudiante, aunque este no deja de ser el centro de gravedad del proceso evaluativo, y se enfoca también en el proceso, en las herramientas utilizadas o en los espacios habilitados para que se demuestre el rendimiento. Como hemos visto, una parte importante del proceso son los datos para la toma de decisiones a través del feedback o retroalimentación, concepto que introduce en el discurso educativo, para poder establecer mejoras en los procesos evaluativos y educativos, comenzando por los objetivos propuestos. Hasta aquí podemos ver como el proceso de evaluación, en principio, no tiene porqué finalizar. Esta es una idea que nos vamos a encontrar más adelante en otros modelos.

Tyler puso el foco en la importancia de la evaluación para la mejora. Lo que no se evalúa no se conoce. La evaluación es un elemento imprescindible y necesario para la mejora de la educación. Hoy día, la evaluación de rendimiento se asocia a una perspectiva de rendición de cuentas y de recompensas y castigos. Debemos escapar de esa idea sin denostar el potencial de la evaluación para conocer el progreso de los estudiantes y tomar decisiones que se ajusten a la realidad educativa y social de los sujetos. La educación, al fin y al cabo, depende de las dinámicas sociales y políticas de un estado y su práctica se ajusta a una tensión constante entre las necesidades y las peticiones sociales y las posibilidades de los miembros y comunidad escolar del centro educativo.

Algunas son las críticas que se hacen al modelo, siguiendo a Stufflebeam y Shinkfield (2005) son las siguientes:

1) El marcado enfoque finalista donde se pueden tomar decisiones y mejorar la práctica una vez finalizado el proceso, como si durante el proceso educativo no se dieran pistas que nos permiten establecer ajustes que mejoren la práctica educativa.

2) La vaguedad con la que señala el proceso para la selección de los objetivos más importantes ya que no es posible evaluar todo en un proceso y se deben establecer preferencias.

3) La atención exclusiva a la conducta observable de los estudiantes dejando de lado otros elementos como la mejora de las relaciones profesionales docentes o, volviendo a los estudiantes, la atención a procesos de reflexión y critica grupal, entre otros elementos, lo que hace que se desvíe la atención hacia ciertos elementos e ideas.

En 1967, Metfessel and Michael establecen un modelo de evaluación a través de ocho pasos que extiende la visión tyleriana de la evaluación[2]:

Involucrar a miembros de la comunidad educativa como participantes o facilitadores de la evaluación.

Construir una lista cohesionada de metas amplias y objetivos específicos organizados en un orden jerárquico del más general al más específico de los objetivos deseados a través de a) metas propuestas que ampliamente abarquen intenciones teóricas para el programa, b) estableciendo objetivos específicos en términos operativos para permite la medida de objetivos donde quiera que sea posible y c) desarrollando criterio de juicio que permita la definición de objetivos significativos y relevantes, el establecimiento de prioridades realistas en términos de necesidades sociales, de la preparación de los alumnos, de la retroalimentación entre estudiante y docente y de la disponibilidad de recursos materiales y personales.

Traducir el comportamiento específico en una forma comunicable, aplicable para facilitar el aprendizaje en el entorno escolar.

Seleccionar o construir una variedad de instrumentos que proporcionen medidas a partir de la cual puedan extraerse inferencias sobre la efectividad de los programas para alcanzar los objetivos planeados.

Llevar a cabo observaciones periódicas a través del uso de instrumentos variados para medir el alcance del cambio en el comportamiento que es valido con respecto a los objetivos seleccionados.

Analizar los datos proporcionados por las mediciones de cambio a través del uso de métodos estadísticos apropiados.

Interpretar datos que son relativos a los objetivos específicos en términos de normas y valores de juicios particulares considerados apropiados para niveles deseables de desempeño; de esta manera, sacar conclusiones que proporcionar información sobre la dirección del crecimiento, el progreso de los estudiantes, y la eficacia del programa total.

Hacer recomendaciones que proporcionen una base para una próxima implementación, modificación y revisión de las metas amplias y de los objetivos específicos con el propósito de mejorar el programa, de proporcionar retroalimentación, basado en recomendaciones, para todos los individuos involucrados en el programa, y prever el ciclo del proceso de evaluación para recomenzar una vez que los objetivos son proporcionados a los audiencias que deben conocer estos datos.

El modelo introduce la participación de otros miembros de la comunidad educativa que pueden establecer juicios en distintas fases de la evaluación, señala la importancia de la jerarquía de propósitos para ser alcanzados y complejiza la toma de datos y el análisis a través de métodos estadísticos, pero no se aparte de su componente finalista en este caso por fases evaluativas.

En contra de estos tipos de evaluación, Stufflebeam y Shinkfield (2005) abogan por las **evaluaciones reales**, estas son evaluaciones que no intentan obtener un rédito político o un interés por parte de personas o colectivos y se ponen en marcha mediante procesos que buscan alcanzar una evaluación de calidad. Los modelos que vamos a ver a continuación mejoran la propuesta tyleriana y se enmarcan en las evaluaciones reales.

A diferencia del modelo de Tyler, Scriven, y también Stufflebeam como vamos a ver a continuación, ponen el acento en la evaluación sumativa y formativa para la mejora del proceso conforme se avanza en el programa educativo.

Modelo orientado al consumidor de Scriven

Michael Scriven es un filósofo de la ciencia que desarrolla su modelo de evaluación basado en la premisa de que la evaluación debe mejorar la vida de las personas.

Scriven piensa que el evaluador debe juzgar críticamente si los objetivos propuestos en el proceso educativo objeto de evaluación son adecuados para la mejora de la vida de los sujetos. La evaluación se dirige a conocer el valor de las cosas y el evaluador no es solo una figura que establece unas medidas, sino que juzga de manera crítica los elementos de la evaluación a través de la comparación.

La evaluación adecuada es la que permite evaluar el desempeño a la vez que evalúa la adecuación de los objetivos (Cfr. Scriven, 1966, p. 17 y 18). Scriven diferencia entre las metas (goals) y el rol de la evaluación. Las metas son los objetivos que persigue la evaluación, el contestar a ciertas preguntas sobre un programa dado (¿el programa permita mejorar el conocimiento de los estudiantes en lengua?) y el rol de la evaluación señala el uso que se hace de la evaluación que puede ser para obtener un ranking de los mejores docentes, para proponer mejoras a la metodología, etc. (Scriven, 1966).

Para la evaluación de las metas, Scriven (1966, pp. 23 y 24) propone tres acciones:

1) Las metas se deben revisar según se avance en el desarrollo del proyecto ya sea para reflexionar sobre los posibles cambios como para refrendar el mantenimiento de las metas.

2) A la vez que se trabaja en las metas, se debe construir un cuestionario que refleje la concreción de estas metas lo que nos permitirá reflexionar sobre la práctica sobre la idoneidad de las metas, ya que en el cuestionario se expresan los ítems a modo de conductas observables y alcanzadas por los sujetos.

3) Es necesario echar mano de una experto externo en el campo de la educación, ciencias sociales o filosofía para evaluar la adecuación de las metas y su concreción.

Scriven defiende la evaluación formativa como aquella que permite establecer cambios durante el proceso educativo, frente a la evaluación de la cuál no permite inferir juicios de valor sobre si se están haciendo bien las cosas o la evaluación finalista que nos da información del proceso al finalizar la evaluación. El objetivo de la evaluación formativa es conocer lo que va bien y mal de un programa educativo y proponer mejoras. Por otro lado, nos encontramos la evaluación sumativa que es aquella que nos dice si los objetivos propuestos se han alcanzado de acuerdo a las posibles alternativas. La evaluación sumativa contempla en su interior la evaluación formativa. Aunque, desde nuestro punto de vista, se podría dar la sumativa sin que se diera la formativa, es decir, sin que se hagan cambios en los procesos educativos.

Scriven diferencia entre la evaluación instrumental, donde se analizan y valoran los elementos individuales de un programa de educación: el currículum, los materiales utilizados, la metodología, etc., y por otro lado, entiende que existe una evaluación consecuencial donde se evalúa la influencia que los elementos del programa tienen sobre el proceso formativo de los estudiantes. La evaluación ideal sería aquella que tuviera parte de evaluación instrumental y parte de evaluación consecuencial (Scriven, 1966, p. 19 y 20).

Para Scriven, la evaluación es algo complejo que conlleva diferentes elementos, en particular, debemos centrarnos en los 18 elementos siguientes[3], que sintetizan el ideario de este autor:

Se debe describir aquello que es objeto de evaluación de la manera más precisa y completa posible. A lo que se evalúa se le denomina evaluando (evaluand).

Se debe tener claro quién es el cliente, la persona o entidad que recibe la evaluación ya sea porque la requiere de un evaluador externo o porque la desarrolla en el seno de la organización y si es quién genera los fondos para la evaluación.

Los antecedentes y el contexto son importantes para conocer lo que se evalúa. Aquí nos referimos a la naturaleza de lo que se evalúa, los componentes de la organización, etc.

Los recursos con los que cuenta lo que es evaluado y con los que puede contar la persona que realice la evaluación.

Se debe conocer la función de lo que es evaluado, si es un centro escolar cuáles son las funciones que actualmente realiza, no las que podía realizar.

Influencia del evaluando en la sociedad (Delivery system). Aquí se debe conocer de qué manera se mantiene en la sociedad lo que se va a evaluar, cómo se financia, cómo son formados las personas que trabajan, etc.

Conocer al consumidor de los servicios que ofrece lo que se va a evaluar.

Necesidades y valores de la población que recibe la influencia de aquello que se está evaluando.

Estándares de evaluación ya implementados en lo que se va a evaluar que nos permitan conocer el estado de la cuestión.

El conocimiento de los procesos de dirección, científicos y éticos que se dan en el objeto de la evaluación.

Los resultados producidos por lo que es evaluado.

Generalización del trabajo de lo que es evaluado a otros espacios, tiempos, personas.

Los costes que genera lo que es evaluado tanto económicos, como personales, ecológicos o sociales.

La comparación de lo que es evaluado con otras posibles opciones, esto es, con posibles competidores.

Significado de toda la información recogida en los 14 puntos anteriores que debe hacerse por alguien externo a lo que es evaluado o al cliente.

Recomendaciones a realizar a lo que es evaluado.

Desarrollar un informe sobre el proceso de evaluación.

Metaevaluación: realizar la evaluación del proceso de evaluación. Esta evaluación conlleva la evaluación antes de comenzar con la implementación de la evaluación y antes de dar los resultados finales en el informe de evaluación.

El modelo CIPP de Stufflebeam

Para Dan Stufflebeam, la evaluación supone la evaluación del proceso para guiar la evaluación de la implementación y el producto para alcanzar decisiones como cambiar partes del proyecto, fusionar el proyecto con otros o darlo por finalizado (Stufflebeam y Shinkfield, 2005, p. 155). Según su perspectiva, la evaluación debe dirigirse hacia la mejora de los programas educativos basada en la recogida de datos útiles que permitan tomar decisiones lo más certeras posible.

En 1981, el Comité de Estándares para la evaluación, siendo Stufflebeam uno de los integrantes del comité, publica cuatro características que debe tener toda evaluación, que señalan, de alguna manera, el ideario que persigue el modelo CIPP (Patton, 1996):

Utilidad: La evaluación debe ser útil, debe dirigirse a las necesidades de las personas. Si la evaluación no se dirige a un grupo de población, esta no debería hacerse.

Factibilidad: La evaluación debe ser factible, realista, se debe poder llevar a cabo en términos de costos, recursos para recoger la información, posibilidades políticas y sociales para llevarla a cabo y capacidad para finalizar el proyecto de manera completa y adecuada.

Propiedad: La evaluación se debe hacer si se puede asegurar que se va a realizar bajo principios metodológicos y éticos adecuados, asegurando el bienestar de los sujetos participantes y respetando la legalidad vigente.

Precisión: Se debe asegurar que la utilidad, factibilidad y propiedad con la que se lleva a cabo la evaluación nos permita recoger datos precisos que nos permita conocer los elementos válidos, de éxito y meritorios de los programas evaluados.

El modelo CIPP se desarrolla a partir de 1969 dentro del comité Phi Delta Kappa donde se encuentra Stufflebeam. Para el desarrollo del modelo de evaluación se tiene en cuenta las carencias de los procesos evaluativos como la falta de confianza en los expertos evaluadores o la falta de información sobre como conducir evaluaciones útiles. Se detectan cinco problemas a resolver:

1) La vaguedad de las definiciones sobre evaluación.

2) La falta de entendimiento sobre la toma de decisiones en base a datos.

3) La falta de valores que conduzcan la evaluación como el valor de la solidaridad o la honestidad.

4) Las evaluaciones han fallado en delimitar la población objeto de las evaluaciones ya que cada grupo de sujetos necesitará un tipo u otro de evaluación o de información sobre la evaluación.

5) La evaluación y la investigación son dos procesos distintos y no deben entenderse como procesos similares.

La siguiente definición explica de manera precisa la naturaleza del modelo CIPP:

Evaluation is the process of delineating, obtaining, and providing descriptive and judgmental information about the worth and merit of some object's goals, design, implementation, and impacts in order to guide decision making, serve needs for accountability, and promote understanding of the involved phenomena. (Stufflebeam y Shinkfield, 2005, p. 159).

Que traducimos de la siguiente manera:

La evaluación es el proceso de delinear, obtener y proveer información descriptiva y basada en juicios sobre el valor y el mérito de algunas metas, diseño, implementación e impactos en la línea de guiar la toma de decisiones, satisfacer las necesidades de rendición de cuentas y promover el entendimiento de los fenómenos involucrados.

La evaluación es vista como un proceso para la toma de decisiones y la rendición de cuentas teniendo en cuenta el Contexto (Context – C), los elementos que se involucran en la evaluación (Inputs – I), las fases y los elementos inmersos en el proceso de evaluación (Process – P) y la importancia de los resultados para la mejora (Product – P). Una implantación del modelo CIPP tendría que responder a las siguientes cuestiones relacionadas con el contexto, los inputs, el proceso y el producto:

¿Cuáles son las necesidades del contexto y de qué manera la evaluación se dirige a estas necesidades?

¿Cómo de útil o efectivo es el programa educativo utilizado con relación a otros programas y otras decisiones de diseño que se podrían haber tomado? ¿De qué manera se ha implementado el programa o se han efectuado cambios durante su desarrollo? ¿Cuáles son los resultados observados y de qué manera se relacionan con las necesidades del contexto?

Para finalizar este apartado, vamos a ver cada uno de los puntos del programa CIPP:

Contexto: En este apartado se deben conocer las necesidades del contexto y la población objetivo del estudio a través de encuestas o la observación.

Input o Entradas: La evaluación debe ir encaminada a conocer los programas alternativos o los elementos con los que cuenta el sistema o programa para hacer frente a los objetivos propuestos. Esto se consigue analizando los recursos materiales y humanos con los que se dispone.

Proceso: Evaluar los posibles fallos o cuestiones a resolver en el transcurso de la puesta en marcha del programa. Esto se consigue imaginando de manera lógica y causal las posibles barreras o impedimentos que puedan surgir en el camino.

Producto: En esta fase se debe recolectar juicios y descripciones de los resultados y relacionarlos con los objetivos propuestos para conocer el nivel de alcance, así como establecer comparaciones con el contexto, los inputs y el proceso llevado a cabo que nos permita observar aquellos elementos de éxito y aquellos que deban ser transformado o eliminados. Esto se consigue definiendo los criterios de resultados y recopilando información de los participantes y del proceso de carácter cuantitativo y cualitativo.

El modelo centrado en el cliente de Stake

Robert Stake desarrolla su modelo a partir de la visión de Tyler recibiendo influencia de Scriven y Cronbach. Para Stake, la evaluación debía tener en cuenta todas las facetas relevantes que se le atribuyen y debe mantener una comunicación constante con aquellas personas que han demandado la evaluación. Para adentrarnos en la visión del autor, señalamos que la evaluación es para Stake "un valor observado comparado con algún estándar" (Stufflebeam y Shinkfield, 2005, p. 226). Aquí se observa la importancia que le da a lo empírico y a la comparación lógica. Stake desarrolla su particular modelo de evaluación en dos momentos: 1) En 1967 escribe el artículo Countenance of Educational Evaluación y 2) en 1973 da una conferencia en Göteborg, Suecia titulada Program Evaluation: Particularly Responsive Evaluation. Vamos con el primer artículo.

Los principios de la evaluación educativa

En este artículo, Stake comienza a construir su visión sobre la educación y la evaluación. Stake señala que la evaluación debe tener los siguientes elementos:

1) Descripción y juicio de un programa,

2) variedad de fuente de datos,

3) análisis de las congruencias y las contingencias,

4) identificación de estándares y

5) múltiples usos de la evaluación.

Estos puntos no hay que entenderlos como fases de un proceso de evaluación, sino como las indicaciones de base para realizar una evaluación adecuada.

En cuanto a la descripción, Stake señala que el evaluador debe recabar las condiciones antecedentes, las transacciones de enseñanza durante el proceso y los resultados obtenidos para ver posibles relaciones, ya sean estas tres categorías lo que se ha intentado hacer o lo que se ha hecho. Estas descripciones van acompañadas de juicios de valor, ya que la evaluación no se limita solo a comparar datos.

Se deben utilizar diferentes fuentes de datos que pueden venir de cinco grupos de personas: docentes, estudiantes, familias, expertos y personas con la capacidad de portavoces de organizaciones de la sociedad civil.

En cuanto a las fuentes de datos, a continuación, se muestra el cuadro de recogida de datos recomendado por Stake (Stufflebeam y Shinkfield, 2005, p. 218):

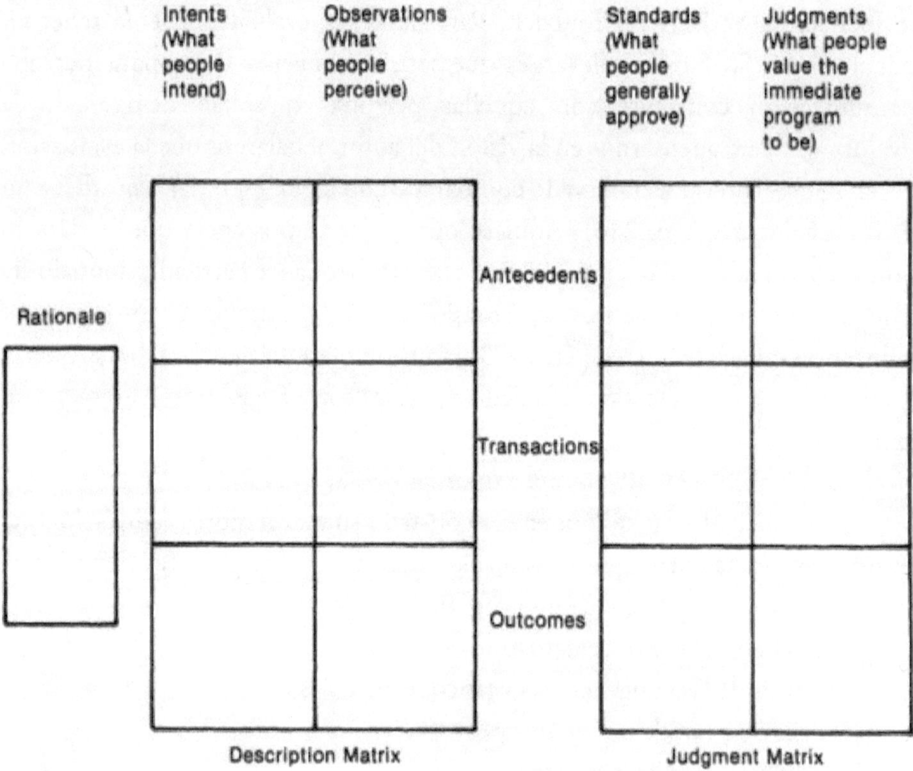

En este cuadro nos encontramos la matriz de descripción a la izquierda y la matriz de juicio sobre la descripción a la derecha.

En el cuadro de la izquierda en la primera columna se ubica los propósitos, lo que se quiere alcanzar, y en la derecha lo que se observa que se está haciendo. En cuadro de la derecha, en la columna de la izquierda, Stake señala que hay que ubicar los estándares que las personas aprueban normalmente, y en la columna de la derecha se ubica los juicios sobre el programa. En cuando a las filas, como ya hemos dicho, primero se evalúan los antecedentes de lo que se quiere evaluar, después las transacciones de enseñanza que se realizan dentro del proceso de evaluación y, en la última fila, los objetivos, ya sean los que se pretende, los que se quieren alcanzar o el juicios de los mismos.

En cuanto al cuadro que está separado de las dos matrices, a la izquierda, Stake señala que se debe evaluar el carácter racional de la evaluación, esto es, los principios filosóficos de las bases teórica de la evaluación y de los propósitos de la evaluación.

Esta información se debe analizar desde las congruencias y las contingencias. Analizar las congruencias supone ver qué elementos de los previstos se han alcanzado. Y analizr las contingencias supone conocer cuáles de los elementos que se han alcanzado estaban previstos y cuáles otros emergen sin haber sido previstos. Para esto, Stake propone el siguiente esquema (Stufflebeam y Shinkfield, 2005, p. 218):

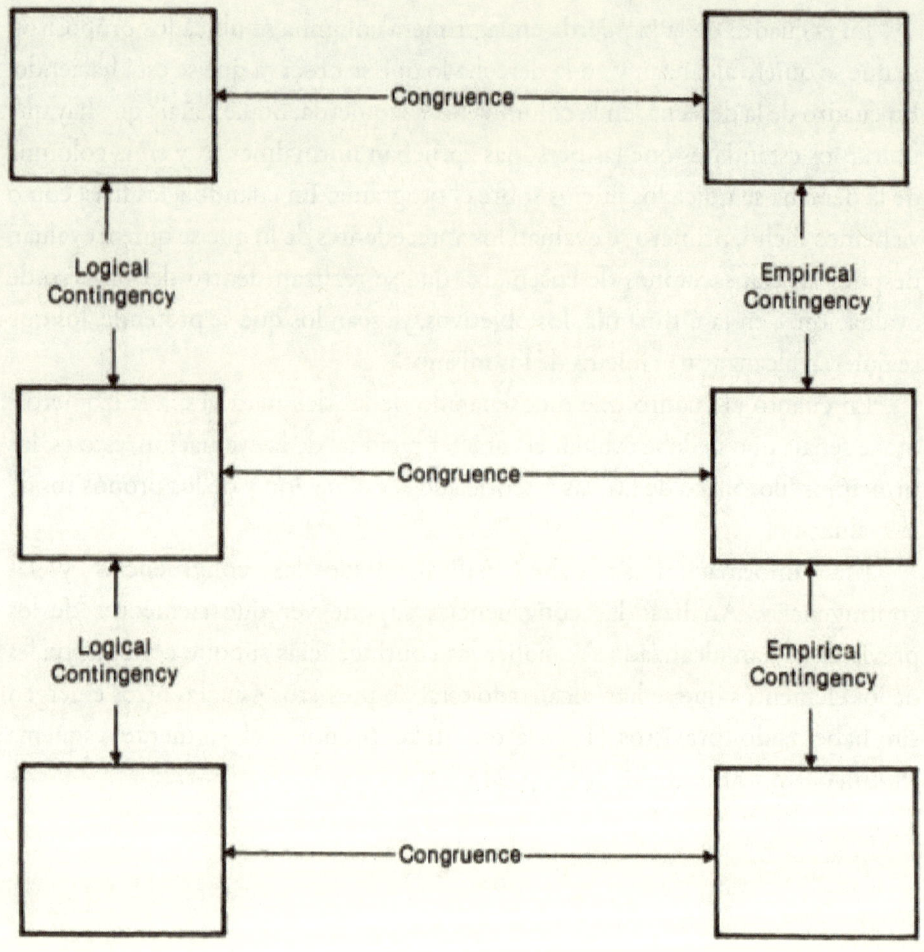

Como se observa en este esquema, las contingencia se analizar desde una perspectiva lógica, si tiene una relación de causa y efecto, es decir, si, por ejemplo, las condiciones del entorno podrían propiciar los resultados de los estudiantes. La contingencia se analizar desde lo que se puede comprobar empíricamente por la observación.

La evaluación comprende el uso que se le dé. La evaluación se desarrollará por un cauce u otro si es de tipo formativa o sumativa y esto se debe tener en cuenta al realizar la evaluación.

Para poder realizar juicios sobre la evaluación, es necesario que se pueda comparar lo desarrollado en nuestro ejercicio de evaluación con lo que ocurre en otros programas evaluativas. De esta manera, podremos dar un juicio más acertado sobre lo que ha ocurrido en nuestra evaluación.

La evaluación atenta

En su conferencia de 1973, Stake aboga por una evaluación atenta (responsive, en inglés), esto es, que tiene en cuenta en todo momento a quién ha encargado la evaluación. El profesional que lleva a cabo la evaluación se encarga de mantener el contacto y avisar del desarrollo de la evaluación y de los cambios producidos a la entidad o sujeto que es el encargado de financiar o a quién le incumbe la evaluación. En este caso, la persona que pide la evaluación puede ser alguien del equipo directivo del centro, una institución publica o privada externa al centro o un grupo de padres y madres. Para Stake, este modelo de evaluación puede ser una alternativa adecuada a los otros modelos estudiados centrado principalmente en la idea de una evaluación que sirve a las personas.

La evaluación atenta la resumen Stufflebeam y Shinkfield (2005, pp. 228 y 229) en 11 puntos:

Tiene el propósito de ayudar al sujeto a discernir y conocer las fortalezas y debilidades de un programa

El alcance de la evaluación es responder a una audiencia a través de un estudio.

El contrato entre las partes tiene que ver con propósitos y procedimientos generales que se transforman a lo largo de la evaluación.

La evaluación se orienta hacia programas o eventos.

El diseño emerge conforme transcurre la evaluación.

Usa una metodología reflexiva teniendo en cuenta lo que la gente observa e interpreta de manera particular.

Las técnicas que utiliza son los estudios de caso, algo sobre lo que Stake ha trabajado, observaciones, objetivos expresados o ejemplos útiles.

La comunicación entre el evaluador y el cliente es informal y continua.

La interpretación de la evaluación se realiza desde la perspectiva de los valores de las personas.

Sacrifica precisión en la medida para asegurar la usabilidad de la evaluación.

Para reducir el sesgo se propone la replicación y definición operacional de los conceptos ambiguos.

A modo de conclusión del aporte de Stake, recogemos el aporte de Stufflebeam y Shinkfield (2005, p. 212):

La evaluación debe ayudar a las personas a ver y mejorar lo que están haciendo.

Los evaluadores deben describir los programas en relación a los antecedentes y transacciones al igual que en relación a los logros.

Debe ser estudiados los efectos secundarios y logros imprevistos además de los resultados propuestos.

Los evaluadores deben evitar traducir las conclusiones sumativas. En cambio, deben coleccionar y reflexionar los juicios de un amplio rango de personas interesadas en el objeto de la evaluación.

Los experimentos y tests estandarizados, en ocasiones, son inapropiados o insuficientes para conocer el propósito de una evaluación y deberían, de manera frecuente, ser reemplazados o acompañados con una variedad de métodos, incluidos los enfoques subjetivos débiles.

Existen otros muchos modelos y programas de evaluación, pero por la falta de tiempo y extensión nos hemos centrado en estos programas que son la base de la evaluación. En el siguiente tema vamos a profundizar sobre otros modelos de evaluación que se encuentran a la vanguardia de la innovación.

El modelo de cuarta generación de Guba y Lincoln

Guba y Lincoln denominan a su modelo la 4º generación en evaluación. Los autores proponen un modelo de evaluación basado en el paradigma constructivista. Para el desarrollo de este apartado nos hemos basado en el libro Fourth Generation Evaluation de Egon Guba e Yvonne Lincoln de 1989 editado por Sage. El modelo de Robert Stake que vimos en el tema anterior podría considerarse un modelo que se encuentra en la base de este modelo, aunque el modelo de Guba y Lincoln se centra más en las necesidades del contexto y en la construcción paulatina de la evaluación.

Estos autores ponen el foco en las personas que puede estar interesadas en la evaluación que no suelen ser las agencias o empresas que se encargar de las evaluaciones. Los autores abogan por la participación de aquellas personas interesadas en la evaluación. Aquellas personas que más les interesa una evaluación correcta de los programas educativos, aunque no lo sepan, son aquellas que se encuentran en una situación de riesgo a la hora de realizar la evaluación como la comunidad educativa, que puede no tener claro la importancia de la evaluación o puede que no se le requiera su participación por cuestiones de metodología o tiempo.

Estas personas se pueden encontrar en una situación de privación de derechos como el derecho a la educación, se encuentran en situación de vulnerabilidad social por la falta de capacidad de poder y control sobre ciertos elementos de su vida, y pueden estar expuestos a la explotación de algún modo como la laboral. La evaluación de los programas educativos supone una fuente de poder y capacidad de crítica y queja frente a la sociedad. Una evaluación puede ser llevada a cabo de diferentes maneras que vayan en contra de los intereses de las personas para quienes la evaluación es un derecho. La perspectiva constructivista pone el foco en la capacidad de los interesados en la evaluación para ir construyendo la evaluación de lo que quiere ser evaluado a través de sus perspectivas, ideas, creencias, etc., a través de un proceso dialéctico que requiere de la interpretación de los aportes a la evaluación.

Los diferentes grupos que participan de la evaluación deben confrontar sus opiniones y argumentos para ir construyendo los elementos que conforman la evaluación, desde los objetivos, los enfoques, las herramientas o la forma de comunicar los datos. En este proceso, es necesario que se establezca un diálogo abierto donde los diferentes grupos ponen en disputa sus puntos de vista, intereses y requerimientos para llegar a consensos con los otros grupos. Este proceso de discusión y disputa se entiende como un proceso de aprendizaje basada en la necesidad de llegar a acuerdo para asegurar la gobernabilidad.

En conclusión, por ser los interesados en la evaluación quienes se encuentran, de manera general, en una situación de subordinación a una serie de instituciones políticas y culturales que ejercen algún tipo de poder y control, es necesario que los interesados tomen parte activa y significativa en la planificación, toma de decisiones, desarrollo y uso de los hallazgos de la evaluación con relación a sus intereses y necesidades.

Este es uno de los puntos clave de la cuarta generación de evaluación. La otra idea clave que sostiene este modelo es que se basa en la perspectiva constructivista. Esta perspectiva nos dice que el conocimiento depende de cómo se van construyendo las perspectivas, conceptos, métodos de recogida de datos, etc, por parte de los sujetos. Este conocimiento depende de la amplitud de la que sean capaces los sujetos según sus capacidades, herramientas, modelos teóricos utilizados, conocimiento sobre la realidad, etc. En principio, estos autores abogan por una perspectiva idealista donde los sujetos van conformando su realidad de acuerdo con cómo sus acciones se relacionan con la realidad circundante. Los autores abogan por una perspectiva constructivista relativista dependiente del contexto donde los sujetos involucrados construyen su conocimiento desde una perspectiva emic, desde dentro del objeto de evaluación.

Esta perspectiva abre el dilema sobre la posibilidad de extrapolar los resultados a otros casos similares. Aunque si entendemos que la evaluación es algo a utilizar por la población destinataria, no hay ningún dilema en reducir la evaluación al ámbito del contexto. Aunque se puede perder la oportunidad de comparar los datos extraído de un contexto con los de otro. Es difícil pensar que los problemas por los que pasa una comunidad no los esté atravesando otra o que las cuestiones que surjan de una evaluación no emerjan en otra.

La otra problemática surge desde la confrontación epistemológica entre el idealismo y el realismo. El idealismo nos dice que el sujeto configura la realidad a través de las categorías de su mente, algo que se aboga dentro de la perspectiva constructivista de Guba y Lincoln, y el realismo nos dice que la realidad es algo externo a la mente del sujeto y que es algo que se puede medir objetivamente. Si la realidad se construye por los sujetos, entonces cada grupo de personas podría decir algo sobre el mundo y no podríamos llegar a acuerdo, por lo que parece que existe la posibilidad de que la realidad observada por las personas pueda ser observada por otras y, por lo tanto, podemos recoger información en un contexto determinado que se pueda extrapolar a otros. Esta es una disputa que apenas hemos vislumbrado en estas líneas y que no acaba aquí ni tenemos el espacio para dilucidarla por lo que nos atenemos a la perspectiva de los autores para continuar con la presentación del modelo. Los autores solucionan este dilema señalando que es necesario partir de la realidad construida de los sujetos donde cada realidad es igual de válida para cada grupo de sujetos y que no existe una realidad a la que nos debamos acercar paulatinamente a través de los sujetos (Cfr. Guba y Lincoln, 1989, p. 58 y 59).

Los autores abogan por un cambio de paradigma que permita identificar a las personas interesadas en la evaluación para conocer sus necesidades, cuestiones, intereses, requerimientos, problemas o preocupaciones, en contra de otros métodos donde las cuestiones de evaluación se dan de antemano. Este modelo tiene en cuenta los siguientes aspectos:

1) Es necesario conocer el contexto y a las personas que van a ser objeto de evaluación para poder adecuar el proceso de evaluación a las necesidades más prioritarias que solo podemos conocer preguntando a las personas. Desde una perspectiva positivista o realista no haría falta echar mano de los sujetos porque la tarea del evaluador principal sería la de aplicar una serie de instrumentos para acercarse a la realidad de la manera más aproximada posible.

2) Para descubrir la realidad en la que viven los sujetos es necesario atender a sus reclamos, necesidades, problemas, requerimientos y cuestiones que consideran prioritarias, en contra de una perspectiva positivista donde solo vendría a verificar ciertas ideas o hipótesis generadas de antemano de manera intuitiva sobre el contexto. Si queremos conocer en profundidad la realidad y descubrir esta realidad de manera directa debemos tomar contacto con los sujetos que crean esta realidad a través de sus relaciones e ideas generadas. La perspectiva positivista solo recoge del contexto datos que permitan establecer grupos de control o comparaciones entre grupos de sujetos o entre contextos, pero no se adentra en profundidad, de una manera más cualitativa, en las cuestiones que preocupan a los sujetos.

3) La evaluación convencional no permita establecer un conocimiento profundo sobre una realidad particular, sino que se centra en generalidades y la necesidad de establecer relaciones de causa y efecto. Esta es la diferencia que se da entre ciencias nomotéticas e idiográficas. Las ciencias nomotéticas son ciencias que buscan las leyes naturales que organizan y rigen la realidad. Las ciencias ideográficas son aquellas de las que no se puede obtener leyes naturales y solo se centran en describir e interpretar la realidad como la historia o la sociología. Hay ciencias que pertenecen más al campo de la ideografía como la economía que se intenta convertir en una ciencia natural con una serie de leyes. La perspectiva por la que se aboga en este modelo es la ideográfica que nos permita describir e interpretar en profundidad la realidad construida.

4) La metodología actual se considera libre de valores, algo que desde la perspectiva constructivista es imposible ya que son la personas con sus ideas, creencias y valores las que conforman la realidad. La realidad es que la elección de un enfoque, unas herramientas, el uso que se le dé a la evaluación, etc., todas estas elecciones se revisten de valores que llevan consigo las personas. Y, además,

una de las fases de la evaluación es el juicio que se realice sobre los procesos y resultados que también parte de una serie de creencias e ideas que se revisten del sistema de valores de los sujetos.

A parte de estas ideas, las metodologías convencionales, anteriores a la cuarta generación, albergan una serie de problemas filosóficos que los autores sacan a la luz y que vamos a comentar brevemente a continuación:

1. La metodología convencional divide entre los hechos observados empíricamente y la teoría utilizada para la evaluación. Si realizamos esta división y elegimos en primer lugar una teoría desde la que observar la realidad, esta teoría con los instrumentos que utilicemos nos desviará hacia las categorías, enfoques y límites impuestos por sus conceptos, por lo que la realidad solo podrá verificar o anular esta teoría. Pero si entendemos que la realidad es lo que construyen los sujetos, no es posible dividir teoría y hechos y debemos partir principalmente de los hechos para construir esta teoría, que, al final, supone la representación o traducción de la realidad circundante. Una serie de hechos puedes corresponder a diferentes teorías sobre todo desde la perspectiva de las ciencia ideográficas. Esto quiere decir que se produce un relativismo de teorías en base a los datos extraídos de la realidad que son las construcciones de los sujetos. Algo parecido señala el filósofo Roy Bhaskar cuando aplica su realismo crítico diciendo que toda investigación se realiza sobre una parcela de la realidad que no deja de estar separada del resto y lo único que somos capaces de conocer es esta parte de la realidad, pero no el conjunto, que se escapa de nuestro alcance mesomérico. El filósofo Gustavo Bueno y su teoría del cierre categorial señala también que la ciencia es una construcción de los sujetos y que esto nos permite ver una parte de la realidad, pero diferencia entre los datos que podamos obtener a través de la investigación, que lo enmarca en la gnoseología, y el conocimiento que se obtiene de la confrontación entre el sujeto y lo objeto, que lo enmarca en la epistemología. Es decir, podemos señalar que hay un conocimiento que se obtiene a partir del conocimiento científico o evaluativo a través de una serie de elementos elegidos para tal uso y que la naturaleza del conocimiento que puede ser idealista, configurada por nuestras mentes, o realistas, el conocimiento es algo que emerge de la realidad y se refleja en la mente de los sujetos.

2. Los métodos evaluativos anteriores, enmarcados en la perspectiva positivista, se consideran libres de valores. Pero la misma toma de decisiones

sobre los elementos de la evaluación supone unos valores que emergen de los sujetos y pueden compartir, de manera más o menos coherente y homogénea, un grupo de personas. Como señalan Guba y Lincoln, todos los paradigmas están atravesados por valores, ya sean paradigmas anteriores o paradigmas por venir, porque estos son construcciones sociales. La realidad se estudia a través de algún tipo de valor que ubicará en diferentes posiciones de control y dará cotas de poder distribuidas de manera asimétrica según los valores tomados como referente. O las decisiones son tomadas, en última instancia, por un grupo de personas involucradas en la evaluación, por la persona que conduce la evaluación o por el organismo o la institución que encarga la evaluación. Una evaluación puede dar más poder y visión a un grupo de personas, por ejemplo, un colectivo históricamente vulnerable como son las personas homosexuales o los grupos feministas, que a otros. En realidad, los hechos son más complejos y en ocasiones se aceptan una serie de valores que se suponen que se ponen en práctica y nos encontramos con relaciones e intercambios que no se ajustan a los valores seleccionados. El análisis de este tipo de relaciones requiere de un espacio que no podemos abarcar en este capítulo, solo hacer alusión a la complejo e intrincada que se vuelve la realidad cuando observamos las relaciones sociales existentes. Aquí surge la posibilidad de entender las posiciones constructivistas desde el enfoque postmodernista que nos dice que los grandes relatos se han acabado y no sirve comprender la realidad (Cfr. Lyotard, 1979, 1986) y nos debemos enfocar en los pequeños relatos de los grupos minoritarios apartados históricamente como las minorías indígenas, los grupos LGTBI+, los grupos afrodescendientes, los grupos feministas o los ecologistas. La falta de un relato común hace que todas las realidades se erijan con su parte de verdad entrando en contradicción con otras visiones. Desde esta perspectiva, el conocimiento postmoderno será el que permita la confluencia de las distintas sensibilidades, como señala Rossi Bradiotti (2019), aunque, parece de sentido común que, sin una realidad objetiva a la que todos podamos llegar, el conflicto será algo inherente a la condición del conocimiento humano.

3. Se da una interacción constante entre la persona que conoce y lo conocido. Los autores no rehúyen de la discusión, pero la resuelven señalando que incluso en las ciencias naturales como la física, la realidad depende de las preguntas que se hagan, como señala Bohr, o de los instrumentos utilizados en la recogida de datos, como señala el principio de incertidumbre de Heisenberg.

Si la realidad depende de la decisiones que tomen las personas, el paradigma a utilizar en evaluación deberá ser aquel que centre la atención en la construcción del conocimiento por parte de los sujetos. Desde mi perspectiva, creo que la selección de una serie de instrumentos, procesos, etc., influyen en la recogida de datos, pero es no es justificación suficiente para señalar que podemos encontrar diferentes realidades, ya que estaríamos ante una situación donde sería difícil llegar a acuerdos y cada grupo de interés podría imponer sus puntos de vista que, en última instancia, dependerán de una serie de ideas y conceptos, es decir, entraríamos en una lucha ideológica por la realidad y por la verdad.

En la última parte de la presentación del modelo, vamos a estudiar los 12 pasos que Guba y Lincoln proponer para llevar a cabo su propuesta:

1. Firmar un convenio con la institución que financia la evaluación o que pide que se realice la evaluación. En este paso hay que conocer quién financia la evaluación, quién es la institución a evaluar y establecer el propósito de la evaluación que puede ser de cuatro tipos atendiendo al mérito y el valor y la característica formativa o sumativa según los autores: a) Evaluación Formativa del mérito, donde se evalúa el valor intrínseco de lo evaluado con la posibilidad de mejora; b) Evaluación Formativa del Valor, donde se evalúa el valor extrínseco de lo evaluado con vistas a la mejora; c) Evaluación Sumativa del Mérito, donde se evalúa el valor intrínseco según si se cumplen ciertas estándares; d) Evaluación Sumativa del Valor, donde se evalúa el valor extrínseco de lo evaluado y asegura que lo evaluado es adecuado en ese contexto particular. En esta etapa se debe firmar con la entidad que financia la evaluación el acuerdo de las condiciones para una dialéctica hermenéutica productiva que supone la aceptación de trabajar con integridad, la posibilidad de apartar a personas que no puedan comunicarse de manera clara como las persona con discapacidad o los niños, que permita la distribución del poder, la disponibilidad al cambio de opinión y de valores que se consideren inapropiados en el transcurso de la evaluación y el compromiso de invertir el tiempo y la energía que sean suficientes. Se debe tener en cuenta a toda la población interesada en la participación de la evaluación. También se debe realizar una breve descripción de la metodología y del modelo de informe a realizar. Se debe garantizar el acceso a los datos y se debe asegurar el anonimato y la confidencialidad de los sujetos. Por último, se debe dar una lista de algunos

elementos a tener en cuenta como el presupuesto, los agentes involucrados, el cronograma o los posibles productos de la evaluación.

2. Organizar para conducir la evaluación. En esta fase se debe seleccionar un grupo de evaluadores para ser entrenados adecuadamente. Aquí es necesario establecer un evaluador principal que lidere y organice el grupo. Dos cuestiones son importantes: formar de manera adecuada a los evaluadores y resolver los conflictos que surjan entre los evaluadores por la divergencia de puntos de vista que podamos encontrar. Otro punto importante es el de conseguir entrar dentro de la institución y estabilizarse. En principio, si la evaluación se pide desde la institución no debería haber problema. Las reticencias pueden surgir cuando la evaluación es impuesta a un grupo de personas y no están de acuerdos con los objetivos o el contenido de la evaluación. El evaluador principal y el resto de los compañeros tendrán que lidiar con los rasgos sociales, políticos y culturales del contexto.

3. Identificar las personas con intereses en la evaluación (stakeholders) y que puedan ponerse en riesgo con la evaluación. Estas personas interesadas pueden ser agentes que apliquen la evaluación, personas que reciban los beneficios de la evaluación o las personas que se sientan perjudicadas por la evaluación. Clasificar los intereses de las personas es complejo, ya que cada no defenderá sus propios intereses. Pero hay ciertas premisas que deben seguirse:

a) Las personas involucradas en la evaluación deben tener cierto nivel de empoderamiento dentro de la comunidad ya que uno de los objetivos es empoderar al resto de la comunidad y esto no se puede hacer con personas que no ostenten cargos o sean reconocidos dentro de la comunidad.

b) Otro de los objetivos es el de que la evaluación permita ser un ejercicio de aprendizaje y por ello se debe involucrar a personas capaces de incluirse en debates y reflexiones significativas, por ello, se deberá excluir a las personas que no tengan un bagaje cultural y conceptual suficiente, así como capacidades para la reflexión y crítica grupal, tales como la escucha y la comunicación clara de ideas. Si, en general, no nos encontramos con un nivel mínimo de capacidad de reflexión, el investigador principal deberá intentar solventar esto en los primeros momentos de la evaluación.

4. Desarrollo construcciones conjuntas en el grupo de personas interesadas. Aquí se pone en marcha el círculo hermenéutico dialéctico. Este círculo consta de intervención por parte de las personas interesadas donde se les pregunta

por sus necesidades y reclamaciones. Acto seguido se analiza interpretando esta información. Después la persona que ha sido entrevistada tiene que elegir una persona que cree que piensa de manera diferente. Y con esta persona se continua la entrevista donde puede responder con total libertad. A grandes rasgos, este es el círculo hermenéutico propuesto. El análisis se realiza mediante un método de constante comparación que se puede estudiar en Naturalistic Enquiry de 1985 de los mismo autores. Las preguntas de las entrevistas pueden varias conforme se van conociendo nuevos datos a través de la perspectiva emic de los participantes. Las entrevistas finalizan cuando tenemos la suficiente información para construir la realidad que estamos evaluando. Esto ocurre cuando vemos que las categorías del análisis se repiten, se repiten ideas, conceptos, problemas o la explicación a los problemas o se da un consenso generalizado sobre ciertas cuestiones. Una vez finalizado el círculo podemos repetir el círculo con otras personas y añadiendo algunas cuestiones preliminares observadas en la información recogida que nos permita elevar a otro nivel la discusión o indagar en algunas cuestiones que consideremos relevantes. Una vez finalizado los círculos que creamos pertinentes se debe proceder con el análisis de la información. El evaluador principal y los otros evaluadores deberán establecer una serie de análisis que serán puesto a disposición de crítica y reflexión de las personas interesadas para discutir sobre los resultados y llegar a acuerdos sobre la realidad observada, ya que la visión del investigación principal no es la que debe prevalecer, sino que es necesario mantener una perspectiva dialéctica y constructiva de la realidad. Para mantener la credibilidad de la información recogida, se puede reunir a todos los participantes del círculo para asegurar la veracidad de la información y la honestidad con la que van a participar en la evaluación.

5. Probar y ampliar las construcciones conjuntas de los interesados. Para esto es necesario recoger información de otras fuentes como de los documentos del centro o de la grabación de las sesiones, que nos darán información sobre el comportamiento de los sujetos durante las entrevistas sobre determinadas cuestiones. Se puede echar mano de otras investigaciones con características similares para conocer qué otras preguntas introducir o sobre qué cuestiones incidir y de qué manera. Se pueden introducir ideas que han emergido en otros círculos y se debe abogar por una construcción objetiva del conocimiento extraído de la evaluación por parte del evaluador principal.

6. Clasificación de los problemas, de las reclamaciones y de las cuestiones que vayan surgiendo. Con la información de los círculos debemos organizar la información según la prioridad, las similitudes, las diferencias, etc.

7. Priorizar los ítems no resueltos. Estos ítem se pueden resolver con la poca información de la que se disponga y se puede tomar algún tipo de decisión, aunque el la falta de consenso continue y se observe en próximas evaluaciones. También se puede dar prioridad a los valores mayoritarios que se observen dentro del conjunto de personas para resolver estos ítems.

8. Recabando información y alcanzado la sofisticación. En este punto, se recolecta la información de diferentes construcciones para realizar la reconstrucción y se establecen vías y significados para comprender la información recogida. Se deben tener en cuenta las necesidades y los reclamos de los sujetos para organizar la información.

9. Preparando la agenda para la negociación. Esto es responsabilidad del evaluador principal. En la negociación deberán estar presentes los sujetos interesados representados diferentes ideas y valores. Lo primero es definir las necesidades, reclamos y requerimientos de las personas. Después establecer las construcciones que entran en competencias y aquellas que han quedado sin construir por la falta de información. Buscar toda la información que justifica aquellas cuestiones que no se han resuelto. También se debe generar talleres de formación para asegurar un nivel de reflexión y participación adecuada por parte de las personas interesadas.

10. Desarrollo de la negociación. La negociación se realiza preferiblemente desde la dialéctica hermenéutica con las construcciones recogidas de los círculos. El objetivo de la negociación es el aprendizaje y el empoderamiento de la personas que participan, por lo que es necesario el compromiso de la participación activa y significativa. El propio proceso formal de la investigación debe ser dialéctico, hay que escuchar a las partes de manera individual y teniendo en cuenta los posibles cambios que se pueden suceder en su comprensión de los datos. La negociación termina cuando se llega a un consenso entre las partes. Puede ocurrir que se den construcciones en competencia, por lo que habrá que retirarlas de la negociación para intentar llegar a un consenso. Se puede dar el caso que la institución o la persona que financie la evaluación no esté de acuerdo con los consensos alcanzados y quiera imponer su derecho de vetas esas conclusiones. Los autores no están de

acuerdo con este planteamiento y abogan por incluir el planteamiento de los clientes dentro del proceso de negociación para llegar a acuerdos. El proceso finalizará cuando veamos que hemos agotado los recursos, el tiempo o se han llegado a acuerdos con un mayor o menor consenso, pero que han sido aceptado por la mayoría. Se puede dar la posibilidad de que se llegue a una resolución total cuando se ha llegado a una construcción compartida sobre las cuestiones más importantes, se llega a una resolución incompleta cuando por distintas cuestiones, como la recogida de información o la falta de comprensión por las partes, no se alcanza acuerdos en todas las cuestiones principales, y se puede llegar a una falta de resolución total cuando no se ha sido capaz de alcanzar consensos mínimos sobre las cuestiones principales o sobre alguna de ellas, y se mantiene el conflicto dentro del grupo. En este último caso, se puede seguir trabajando para llegar a un consenso, a pesar del agotamiento de las opciones que esto puede llevar, o se puede tomar una decisión práctica más o menos aceptada por todos, una decisión que desempodera al grupo, o no tomar ninguna decisión, que sería la peor de las decisiones.

11. Desarrollo del informe. El informe de una evaluación de cuarta generación tiene una forma distinta a los informes que podemos encontrar en evaluaciones de modelos anteriores. En este caso, lo importante es describir el proceso de construcción de la información que se ha llevado a cabo y cómo la construcción ha ido cobrando sentido. La comprensión del proceso de construcción conjunta de evaluación es lo que debe vertebrar la presentación del informe. Algunos puntos que hay que tener en cuenta son los siguientes:

a) se debe presentar los axiomas que asientan los valores y paradigmas del proceso de evaluación,

b) se debe seleccionar la retórica según el público objetivo, que serán los participantes en la evaluación, otros interesados o profesionales de la academia,

c) se debe presentar la acción a los lectores a través de la explicación del proceso, debe quedar claro cuáles han sido los movimientos dados y su justificación,

d) aplicación o transferibilidad de la evaluación, donde se explica de qué manera esta evaluación se puede transferir a otros contextos o los resultados y hallazgos pueden extrapolarse a otras realidades similares. De cualquier manera, es necesario cierta dosis de creatividad y narratividad que permitan explicar con claridad y manteniendo la motivación del lector el estudio de caso expuesto.

12. Reciclar. Los hallazgos y resultados obtenidos son una parte del proceso de evaluación. Es necesario partir de esta conclusiones para continuar los procesos de mejora de las instituciones y utilizar la información del proceso en el siguiente desarrollo del modelo. Similar a los proceso de investigación-acción, la evaluación de cuarta generación nunca finaliza.

Hasta aquí el modelo de Guba y Lincoln. A continuación, vamos a estudiar el modelo de Patton.

El modelo centrado en la utilización de Patton

El modelo de Michael Quinn Patton introduce elementos nuevos respecto a los modelos anteriores, una ligera mutación en su perspectiva de la evaluación que permite superar a los otros modelos cogiendo lo mejor de ellos, incentivando incluso a que autores como Stufflebeam se adhieran al modelo. Aunque otros autores también han utilizado y propuesto mejoras al modelo, Patton es el que lo ha desarrollado más profusamente desde 1997 hasta 2012. El modelo de Patton se considera uno de los últimos modelos en evaluación. A partir de aquí, lo que se ha hecho es volver a los modelos anteriores.

El punto central del modelo de Patton es la importancia de los sujetos en el proceso de evaluación y en la importancia sobre el uso que hagan de la evaluación. Los modelos anteriores se centraban en la rendición de cuentas para la mejora siempre desde la perspectiva de quienes encargaban la evaluación o las personas que detentan cargos directivos. En el caso del modelo centrado en la utilización, el foco central es la mejora de los procesos de lo que es evaluado teniendo en cuenta las personas que son parte de la institución e intervienen en el proceso de evaluación.

Siguiendo la síntesis del modelo de Patton que realizan Stufflebeam y Coryn (2014), los evaluadores deben determinar y enfocar sus estudios en los usos previstos de la evaluación y producir y reportar hallazgos que un grupo identificado de usuarios previstos puede y probablemente valorará y aplicará a la mejora del programa. La evaluación centrada en la utilización es un proceso de estudio en colaboración y negociación con un grupo prioritario de personas seleccionado de un conjunto de personas interesadas dentro del objeto de lo que es evaluado, para centrarse en y abordar de manera efectiva las necesidades de los usuarios según los usos previstos de la evaluación[4].

Como decíamos antes, en contra de la posición de Stufflebeam de situarse desde la perspectiva de los directivos, gerentes o quienes han solicitado la evaluación, el modelo de Patton se centra en las personas que viven y participan de las relaciones en el seno de lo que es evaluado, ya sea una institución, un departamento de orientación o una comunidad educativa. Esto requiere que el evaluador sea una persona cercana al grupo de sujeto y que establezca vínculos cercanos que le permita conocer las necesidades de los sujetos.

A su vez, es necesario seleccionar un grupo de personas dentro del objeto de lo que es evaluado para que sean los que dirijan, guíen, tomen decisiones y propongan mejoras. Este es un modelo más democrático que los propuestos anteriormente y le dan un peso a la participación de los sujetos que los modelos anteriores no daban. Este modelo supone un paso en el empoderamiento de la comunidad y en la generación de un sentimiento de pertenencia a un proyecto compartido. Esto es así porque el modelo permite el reparto de responsabilidades sobre un grupo de personas que, en principio, deben representar los intereses de la comunidad por estar sensibilizados con sus necesidades y requerimientos.

Vemos como se avanza de un modelo vertical a un modelo más horizontal de participación y toma de decisiones relegando ciertas cotas de poder y control a personas que son parte del grupo objeto de evaluación. De primeras, este modelo señala la importancia de un contrapoder frente a los expertos evaluadores, algo que denota la importancia que se le otorga al contexto y a las necesidades de los sujeto por encima de la rendición de cuentas o la mejora a partir exclusivamente del juicio de expertos.

Esto señala que el evaluador externo presenta un rol más de guía y consejero que de decisor y sancionador de lo que es adecuado o pertinente. Esto supone un ejercicio político de diálogo basado en el consenso, eso sí, sobre la base de los datos recogidos en la evaluación interrelacionados con las necesidades, valores, visión y metas propuestas por la comunidad o institución evaluada en orden de alcanzar mejoras en los programas, procesos, metodologías o recursos educativos.

De aquí se puede colegir el sentido de disputa y crítica que conlleva el modelo donde las decisiones no se pueden tomar unilateralmente, sino que emergen de procesos de diálogo, reflexión, crítica, disputa, donde se ponen en juego las perspectivas individuales, la capacidad de escucha y de expresión de nuestras ideas y creencias, a la vez que se requiere de ciertas notas de solidaridad, tolerancia, apertura y humildad para reconocer los errores, nuestros puntos débiles, creencias erróneas o ideas confusas y equivocadas. Los sujetos participantes en este proceso deberán estar abiertos al aprendizaje y al crecimiento personal que conlleva cambios en nuestras creencias e ideas sobre el funcionamiento de los procesos educativos o sociales. Los sujetos participantes deben adoptar una posición plástica, capaz de dirigir su atención hacia diferentes conceptos e ideas teniendo en cuenta que lo importante es la mejora de los procesos educativos. Por otro lado, los sujetos escogidos de manera prioritaria para la toma de decisiones también deben firmar un compromiso, ya sea de palabra o por escrito, sobre el buen uso que harán de los datos recogidos en la evaluación.

Una de las clave de este modelo, aunque también se puede poner en práctica en los anteriores, es la idea de la evaluación como parte de un proceso sin regular donde se tiene la oportunidad de proponer mejoras o cambios ya sea durante el proceso o al final de este, que pueden ir en la línea de las visiones antagónicas que se han quedado desplazadas en el diseño del programa en un primer momento. La evaluación es un proceso regular en la mayoría de las organizaciones por lo que la clave reside en los cambios que se establezcan debido a los datos que se vayan recogiendo. Este modelo se centra no solo en los resultados finalistas, sino en los datos que se recojan en las etapas que se van sucediendo.

Como señala Patton (1996), el modelo centrado en la utilización pone el foco sobre el juicio que se haga de la utilidad de la evaluación para un grupo de personas particular. La evaluación debe ser personal y situacional, debe estar bien contextualizada y delimitada. Como señala Patton, la evaluación no parte de un modelo que se quiere aplicar, o un método o un conjunto de teorías. La evaluación se genera en el diálogo con la comunidad y ahí donde emergen los modelos, teorías, instrumentos, procesos, etc, que conforman la evaluación. La evaluación debe partir del contexto en el que se lleva a cabo. El evaluador debe ayudar a los sujetos implicados en la evaluación a seleccionar estos elementos partiendo de las necesidades.

La evaluación puede utilizar cualquier tipo de proceso ya sea sumativo o formativo, puede utilizar herramientas de todo tipo ya sea que recojan datos de carácter cuantitativo o cualitativo, se puede utilizar cualquier tipo de diseño o de enfoque, siempre que se desarrolle en diálogo, cooperación y corresponsabilidad con los sujetos de la evaluación.

A continuación, vamos a ver los 17 pasos que Patton señala en el libro de 2011 *Essentials of Utilization-Focused Evaluation* para llevar a cabo este tipo de evaluación:

1. Evaluar y desarrollar el programa y preparar la organización para la evaluación centrada en la utilización. En esta fase se debe evaluar el compromiso de los sujetos para llevar a cabo la evaluación, los recursos económicos, se debe evaluar el contexto a través de personas clave, ver que otras evaluaciones se hicieron en el pasado. Una vez que se posea esta información, se deben conformar talleres para evaluar y construir los preparativos para desarrollar la evaluación. Se deben introducir los estándares de las características de la evaluación. Esta primera parte se debería trabajar con interesados en la evaluación dentro de los equipos directivos o de inspección educativa para organizar la evaluación.

2. Evaluar y mejorar la preparación y competencia del evaluador encargado de orientar y guiar la evaluación. Se debe evaluar la capacidad de análisis, de consulta, de resolución de conflictos, la práctica profesional, el nivel cultural o la capacidad intrapersonal del evaluador. Es importante que haya una consonancia, una vinculación estrecha entre las ideas y los propósitos del evaluador y los retos que comporta la evaluación y al conocimiento del evaluador sobre el contexto.

3. Identificarse, comprometerse y organizar a los posibles destinatarios. Se debe involucrar a los destinatarios de la evaluación en la organización de la evaluación. Los posibles destinatarios deben comprometerse con la evaluación para lo que se deben generar fuertes vínculos en torno al proyecto. Las personas que se quieran involucrar deben tener capacidad de aprendizaje, de trabajo en equipo, que sean honestas y solidarias, abiertas al cambio, con conocimiento y cultural sobre la comunidad, que mantengan buenas relaciones con quienes hayan encargado la evaluación. En esta fase, las personas participantes se deben organizar en grupos de trabajo, establecer las pautas de trabajo y la forma en la que se realizará el seguimiento a los participantes para mantener la motivación y el compromiso con el proceso. También se deberán buscar otras posibles personas que se quieran sumar en momentos posteriores de la evaluación.

4. Análisis de la situación junto con las personas involucradas en la evaluación. La evaluación depende del contexto por lo que se debe realizar una evaluación previa sobre la experiencia que se tiene en evaluaciones, la participación de las personas en evaluaciones similares, se debe conocer los elementos que puede facilitar o entorpecer la evaluación. Identificar los recursos disponibles. Prever las fechas límites, los tiempos con los que se cuenta y los posibles eventos que atrasen el proceso de evaluación. Conocer el apoyo del equipo de dirección del centro escolar. Evaluar las competencias del equipo evaluador en materia de cultura, experiencia profesional y competencias propias de la evaluación. Prever los posibles riesgos. En general, se debe conocer los recursos del contexto y la capacidad del equipo evaluador para acomodarse al contexto.

5. Identificar y priorizar los usos prioritarios de la evaluación con las personas involucradas en la evaluación. Se debe revisar las propuestas, propósitos y prioridades de las personas involucradas en la evaluación sobre los usos de la evaluación. Se debe reflexionar desde otras perspectivas de uso y objetivos de la evaluación. Para ello, se debe considerar de qué manera la evaluación aporta a la mejora del programa, considerar el uso de la evaluación para la rendición de cuentas, desarrollo del contexto, la generación de conocimiento o el simple monitoreo de las acciones.

6. Considerar y construir procesos dentro de la evaluación si se considera apropiado. La forma en la que se lleve a cabo la evaluación influirá en los resultados y en los elementos de la evaluación. Para dilucidar los procesos más interesantes o adecuados se debe revisar diferentes tipos de procesos que se pueden llevar a la práctica. Se debe considerar como el pensamiento sobre la evaluación se puede incluir dentro de la cultura de la organización para la mejora de los procesos evaluativos, considerar como el proceso de evaluación puede mejorar el capacidad para compartir entendimientos y conocimientos que ayude a reforzar el proceso de evaluación y la organización y el desempeño en la evaluación, se debe considerar la influencia de los recursos y herramientas utilizados, y tener en cuenta como la evaluación puede mejorar las relaciones entre los sujetos, aumentar. el conocimiento colectivo, la confianza o el desarrollo de ciertas habilidades. Se debe tener en cuenta que elementos del proceso pueden facilitar o dificultar la evaluación.

7. Enfocarse en cuestiones prioritarias de evaluación. La evaluación no se puede enfocar en todas las cuestiones a evaluar. Es necesario priorizar aquellas cuestiones más importantes o que son consideradas como más importantes en un momento dado. Para esto, es necesario establecer una serie de cuestiones que nos permitan reflexionar sobre la naturaleza de la evaluación. Debemos establecer cuestiones a responder de manera colegiada sobre el conocimiento y el apoyo que tenemos, las cuestiones se deben plantear teniendo en cuenta los datos a recoger y su respuesta debe proporcionar información sobre como deberían actuar los sujetos involucrados en la evaluación. Para el desarrollo de estas cuestiones es prioritario escuchar los sujetos involucrados de primera mano en la evaluación y ayudarles a identificar las cuestiones importantes. Los propósitos de la evaluación se deben relacionar con las cuestiones planteadas.

8. Revisar que las áreas fundamentales de la indagación dentro la evaluación se desarrolla de manera adecuada. Para ello debemos hacernos preguntas sobre la implementación, los resultados y el efecto de la programa en los resultados. Nos debemos preguntar qué ocurre dentro del programa a la hora de implementarlo y cómo se está llevando a cabo la intervención. Debemos preguntarnos cuáles son los resultados del programa, cómo el programa ha influido en los sujetos, cuál ha sido al grado de logro de los objetivo o cuáles otros logros se han alcanzado y que no estaban previstos. Por último, nos tenemos que preguntar sobre la relación entre el programa y los resultados alcanzados.

9. Determinar cuál es el modelo de intervención o teoría de cambio que se está evaluando. Las decisiones tomadas sobre los objetivos, el proceso, las herramientas, etc., nos conducen a una u otra teoría o modelo sobre la evaluación. Debemos conocer cuál es esa teoría lo que nos ayudará a guiar el proceso de evaluación y conocer posibles uso de la evaluación u objetivos inesperados. Podemos encontrarnos sin pretenderlo ante un modelo lineal que no de posibilidad de volver sobre nuestros pasos o de un modelo de evaluación que se adapte a las diferentes situaciones que nos encontremos en el camino.

10. Establecer negociaciones sobre los métodos apropiados que nos permita alcanzar hallazgos creíbles y fiables que respalden el uso previsto por las personas involucradas en la evaluación. La investigación se debe encaminar a alcanzar resultados valiosos y útiles. El diseño de los métodos debe tener en cuenta los posibles uso de la evaluación. Estos métodos se deben negociar con

los sujetos participantes de la evaluación. Se deben seleccionar métodos que den respuesta a las preguntas principales de la evaluación. Los métodos deben ser apropiados a la evaluación, eficiente en términos económicos y de resultados y que tenga unos valores éticos adecuados al mantenimiento de los vínculos sociales. A la hora de diseñar los métodos pueden surgir cuestiones relacionadas con otros apartados del diseño general de la evaluación. Identificar elementos que puedan comprometer la calidad, utilidad y credibilidad de los datos. Tener presente la posibilidad de cambiar los métodos a la hora de poner en práctica la evaluación según los datos obtenidos en el proceso evaluativo.

11. Estar seguros que los posibles sujetos involucrados en la evaluación conocen las posibles controversias del uso de los métodos y las implicaciones que esto conlleva. Los sujetos participantes deben entender las cuestiones problemáticas y controversias que pueden surgir del uso de unos métodos u otros. Los datos, cuestiones y complicaciones que puedan surgir con el uso de método cuantitativos serán diferentes de los métodos cualitativos o cuando queremos triangular datos con métodos de diferentes paradigmas. Es necesario introducir esta cuestión para reflexionar sobre las posibles limitaciones o problemas que surjan. Pueden surgir diferencias entre el uso de métodos experimentales y no experimentales, sobre una evaluación longitudinal extendida en el tiempo o no tan extendida, sobre una evaluación que pretenda estudiar a fondo un caso donde la información será difícilmente generalizable o una evaluación que contemple la posibilidad de recoger datos de un grupo de escuelas donde encontraremos datos que podrán ser generalizados a otras regiones con similares características.

12. Simular el uso de los posibles hallazgos. Es recomendable pensar en los hallazgos que vamos a encontrar con los métodos y las herramientas que utilizaremos para la recogida de datos. Esto nos permitirá extraer una experiencia de aprendizaje ajustada al modelo de evaluación propuesto y anticiparnos a los posibles hallazgos sobre qué cambios realizar, elementos que eliminar, etc.

13. Recoger los datos con especial atención a su uso. La recolección de los datos se debe realizar con el uso de los datos en mente. Esto nos permitirá tener presente la importancia de los datos y la necesidad de asegurar la correcta recogida de los mismos. Se debe registrar y vigilar la recogida de datos en todo momento. Se debe proporcionar información suficiente y motivadora a las

personas que nos están proporcionando la información para que se mantenga alerta y motivadas en su apoyo. También se deben resolver los problemas relacionadas con la recogida de datos de manera que no comprometa la calidad de los datos recogidos.

14. Organizar los datos para su interpretación y uso. Los hallazgos de la evaluación deben ser organizados y estructurados para presentarlos a los participantes de la evaluación de manera que pueda hacer uso de ellos. La presentación de los datos debe ajustarse a las necesidades y requerimientos de los sujetos. Los datos deben ser analizados, sintetizados, juzgados y objeto de reflexión por los evaluadores y los participantes. Se deben triangular los datos y compara con otros datos a la vez que se establecen posibles explicaciones a los hallazgos obtenidos. La organización de los datos debe dar respuestas a las cuestiones principales y a los objetivos prioritarios. Se deben señalar aquellos datos que sean más significativos comparando unos datos con otros o estableciendo escalas y relaciones entre datos. Es importante distinguir aquellos datos basados en hechos y las opiniones vertidas por los participantes o las propias opiniones. Los participantes de la evaluación se deben involucrar en juzgar los datos de manera apropiada y con relación a los objetivos propuestos y el uso de la evaluación. Esto es importante para establecer juicios, reflexiones y conclusiones desde diferentes perspectivas y enfoques. Al final, se deben realizar recomendaciones de mejora a partir de los datos y la reflexión realizada.

15. Realizar un informe de la evaluación para facilitar el uso de los datos y facilitar su diseminación y publicidad hacia otro tipo de público. Será necesario desarrollar diferentes formatos de informe. Se debe preparar un informe general que aglutine todo el proceso, el análisis de los datos y las conclusiones y recomendaciones. De este informe deberán salir síntesis y presentaciones esquemáticas y gráficas para poder compartir los hallazgos a diferentes públicos. Según el público, las presentaciones y resúmenes tendrán un formato diferente.

16. Realizar un seguimiento a los participantes en la evaluación para mejorar y facilitar el uso de los datos. Después de la entrega de los reportes, el evaluador externo o principal deberá continuar trabajando con los participantes de la evaluación para aplicar los hallazgos obtenidos ya sea para la mejora, transformación o eliminación de ciertos procesos o elementos. Es necesario planificar el seguimiento y los participantes del seguimiento. En el proceso de aplicar estas mejoras o recomendaciones se puede continuar

recogiendo datos inesperados y que completan la evaluación. Se puede contar con otras personas capaces de llevar a cabo los procesos de mejora, aunque no hayan participado de la evaluación. Mantener el contacto con los sujeto de la evaluación permite participar en la programación de la siguiente evaluación.

17. Metaevaluación del uso de la evaluación: rendir cuentas, aprender y mejorar. La metaevaluación del proceso de evaluación es un elemento clave del evaluador. La metaevaluación se desarrolla desde el uso que ha tenido la evaluación. Hay que seleccionar quiénes se van a encargar de la metaevaluación y el propósito, procesos, método y herramientas a utilizar.

Conclusiones

Hemos estudiado los modelos que se encuentran en la base de los programas de evaluación actuales. Estos modelos no son exhaustivo y dentro de la teoria sobre evaluación educativa nos encontramos con muchos modelos y estrategias a seguir. La innovación supone el desarrollo de procesos o el uso de perspectivas que no tienen porque suponer un salto cualitativo con respecto a lo que ya se está utilizando, sino que con una pequeña vuelta de tuerca podemos diseñar programas que aporten nuevos enfoques, datos o formas de utilizar la evaluación.

Como hemos visto, una pieza clave de la evaluación son los participantes de aquello que estamos evaluando, tanto para conocer sus necesidades como para que sean partícipes activos del proceso de evaluación. Es imposible conocer a fondo una realidad sin instrumentos que nos permitan acercarnos en profundidad a las ideas, creencias y perspectivas de las personas que están siendo evaluadas. Una evaluación cualitativa siempre es más costosa y dura más en el tiempo que una cuantitativa, pero una evaluación que quiera mostrar la realidad debe atender a esta dimensión interpretativa y hermenéutica, lo que nos obliga, a su vez, a incluir la evaluación como un elemento de la práctica educativa para docentes, equipo directivo y estudiantes dejando espacios y tiempo para el trabajo colegiado. Un ejemplo de esto podrían ser las Lesson Study desarrolladas en Japón (González Berruga, 2022). Este tipo de evaluación también se podrían incluir en procesos de aprendizaje profesionales.

Otra idea es la importancia de la evaluación para la mejora. y el progreso de las comunidades y centros educativos. La evaluación conlleva una valoración y una medición, pero esta debe dirigirse a la mejora de los procesos y relaciones, no a la penalización y el castigo, que es algo que se promueve desde las perspectivas gerencialistas de la educación. Un error que se comete es el de evaluar a los docentes y pedir estas evaluaciones como evidencia de su desempeño a la hora de aplicar para otros puestos o para recibir mejoras salariales o acceder a determinadas acreditaciones por parte del estado, sobre todo cuando las evaluaciones se realizan bajo criterios y procesos que no miden efectivamente el trabajo del docente. Como señalaba Scriven, hay que tener presente cual es el auténtico rol de la evaluación tanto a nivel de instituciones que lo realiza como a nivel nacional o internacional para ser críticos con ciertos procesos evaluativos a estos niveles como las pruebas Pisa o las pruebas de rendimiento académico de los estudiantes a nivel nacional.

Referencias

Bradiotti, R. (2019). El conocimiento posthumano. Gedisa.

González Berruga, M. A. (2022). *Apuntes de Ciencia, Tecnología y Sociedad*. Escuela de Educación, PUCESE.

Guba, E. y Lincoln, Y. (1989). Fourth Generation Evaluation. Sage.

Lyotard, J-F. (1979). La condición postmoderna. Les editions de Minuit.

Lyotard, J-F. (1986). La postmodernidad explicada a los niños. Gedisa.

Patton, M. Q. (1996). Utilization-Focused Evaluation. Sage.

Patton, M. Q. (1996). *Utilization-Focused Evaluation*. Sage.

Patton, M. Q. (2011). Essentials of Utilization-Focused Evaluation. Sage.

RAE (2023). Concepto estrategia. https://dle.rae.es/estrategia?m=form

Scriven, M. (1966). *The methodology of evaluation*. Social Science Education Consortium. Publication 110. Disponible en https://eric.ed.gov/?id=ED014001

Stufflebeam, D. y Shinkfield, A. (2005). *Systematic evaluation*. Kluwer.

Stufflebeam, D. y Coryn, C. (2014). *Evaluation theory, models, and applications*. Jossey-Bass

3 Diseñar la evaluación

En este capítulo vamos a estudiar un proceso para el diseño de nuestra propia evaluación. Con los modelos evaluativos en mente, vamos a seguir principalmente las indicaciones de Castillo y Cabrerizo (2010) para diseñar nuestros procesos de evaluación. En el primer apartado, vamos a estudiar las fases del proceso de evaluación, la metodología a seguir y quiénes participan de los procesos señalando de manera principal a estudiantes, docentes y el centro escolar en su conjunto. En un segundo punto, veremos las principales herramientas que nos pueden ayudar en la organización, recogida de datos y puesta en práctica de la evaluación. Después, veremos de qué manera concretar este diseño en una serie de instrumentos.

1 Diseño de la evaluación

La parte del diseño de evaluación responde al qué, cómo, cuando, porqué de la evaluación. La evaluación es un proceso que se ha de diseñar paralelo y en interrelación con el diseño del proceso educativo. El qué se evalúa se enmarca en el marco educativo pudiendo ser un programa educativo, una institución, un proyecto de intervención, las capacidades de los estudiantes, en definitiva, todas aquellas acciones, procesos, proyectos, sujetos, organismos, instituciones, que guarden relación con el proceso de enseñanza aprendizaje.

La evaluación es un elemento capital para la mejora y el desarrollo de los estudiantes, así como de los procesos de aprendizaje por parte de los docentes. Sin evaluación no puede existir el avance y el progreso, lo que no se evalúa se pierde y nos deja sin base sobre la que seguir reflexionando y avanzando como sujetos e institución. La evaluación siempre se ha visto desde la perspectiva de la rendición de cuentas como un dispositivo para apartar a las personas menos aptas de los procesos educativos porque se entendía que muchas de estas deficiencias eran fruto de la clase social o las situaciones de pobreza y la evaluación venía a intentar desviar a los hijos de personas de clase trabajadora u obrera hacia puestos de trabajo menos cualificados. Esta visión se suele atribuir al ala más conservadora o liberal de la política.

Desde posiciones progresistas y socialistas, la evaluación debe servir para ver el nivel de avance, pero sin que esto suponga un menoscabo de las posibilidades de seguir el camino educativo hacia la universidad con la idea de conseguir un título que le asegure un buen trabajo que le permita mejorar sus condiciones de vida. Por ello, la evaluación no debe ser un mecanismo para apartar a los menos válidos, sino un instrumento exclusivamente informativo. Sin entrar en profundidad en el tema, solo aportar la perspectiva de Inger Enkvist en su libro La buena y la mala educación de 2011, a la que me adhiero en parte, que señala que son los pobres quienes más necesitan la evaluación ya que esto permite conocer su avance y los anima para esforzarse. Tal vez la falta de evaluaciones sinceras y útiles en la etapa de educación obligatoria y bachillerato es el resultado del bajo rendimiento de los estudiantes en las universidades, algo que he podido constatar de hablar con compañeros de Iberoamérica y España.[5]

1.1 Fases del diseño de evaluación

Los proceso de evaluación debe diseñarse a la vez que el proceso de enseñanza aprendizaje. Para enmarcar este diseño de evaluación, distinguimos cinco fases siguiendo el aporte de Castillo y Cabrerizo (2010):

1. Fase concepto-constructivista: en esta fase se desarrollan las bases teóricas y conceptuales que sirven de base para organizar y estructurar la evaluación. Se debe definir cuál es el concepto de evaluación, que irá relacionado al propósito y uso de la evaluación, se debe señalar cuáles son los referentes teóricos que vamos a tener presentes. En esta fase se debe seleccionar el objeto de la evaluación que puede ser una institución o un programa educativo, entre otras acciones o procesos. En esta fase debemos decidir qué función va a tener la evaluación, que puede ser: a) personalizada, individualizando el proceso educativo, b) formativa, que sirve para producir mejoras durante la aplicación del proceso, c) formadora, donde el propio proceso de evaluación permite desarrollar ciertos aprendizajes, y d) sumativa, donde los hallazgos y conclusiones se alcanzan al final de la evaluación.

2. Fase anticipativo-previsora. En esta fase se deben prever los instrumentos que vamos a utilizar, qué estrategias, procesos y acciones, quiénes van a participar en la evaluación, los objetivos que persigue la evaluación, se debe definir un posible calendario o cronograma de trabajo, entre otros elementos que tengan que ver con los recursos y procesos a llevar a cabo.

3. Fase organizativo-procedimental. Si las dos fases anteriores delimitan la teoría y los recursos, en esta se ha de poner en práctica todo lo señalado anteriormente. En este momento se introduce un elemento clave y son los sujetos de la institución que van a ser evaluados. Es necesario conseguir el compromiso de los sujetos para participar de manera activa en la evaluación según cuáles sean los roles asignados.

4. Fase ejecutivo-operativa. Esta es la fase de recogida de datos, valoración y juicio de los datos y de toma de decisiones sobre los datos.

5. Fase reflexivo-metaevaluativa. En esta fase se reflexiona sobre el proceso de evaluación y la forma en la que se ha conducido la evaluación.

1.2 Metodología del proceso de evaluación

La metodología responde al cómo vamos a llevar a cabo el proceso de evaluación. Ya en la fase de diseño se deben plantear los procedimientos, herramientas de recogida y análisis de datos, la población objetivo de evaluación o la forma en la que vamos a comunicar los resultados.

Castillo y Cabrerizo (2010, pp. 130 y 131) presentan el siguiente esquema que recogen de Tenbrik (1988) que engloba de manera general el método a seguir, el cómo plantear el proceso evaluativo:

1. Fase de PREPARACIÓN:

Paso 1: Especificar los juicios a emitir y las decisiones a tomar.

Paso 2: Describir la información necesaria.

Paso 3: Localizar la información necesaria.

Paso 4: Decidir cuándo y cómo conseguir la información necesaria.

Paso 5: Construir (o seleccionar) los instrumentos de recogida de información disponibles para el profesor.

2. Fase de RECOGIDA DE DATOS:

Paso 6: Obtener la información necesaria.

Paso 7: Analizar y registrar la información.

3. Fase de EVALUACIÓN:

Paso 8: Formular juicios.

Paso 9: Tomar decisiones.

Paso 10: Resumir y dar a conocer los resultados de la evaluación.

Podemos observar cómo estas indicaciones generales relacionan con los modelos estudiados en los temas anteriores. De igual manera, este modelo propone que una vez llegado al paso 10 se vuelva al paso 1. Esto guarda la idea de la evaluación como una parte más de un proceso más amplio que es el de enseñanza aprendizaje.

Según Castillo y Cabrerizo (2010, pp. 133 y 134), los elementos que integran esta metodología son:

1. Sentir la necesidad de elaborar un diseño metodológico de evaluación que explicite su intencionalidad y garantice un desarrollo sistemático. Hemos de partir de saber para qué queremos evaluar; y del convencimiento de por qué debemos evaluar los aprendizajes de nuestros estudiantes.

2. Establecer criterios de actuación para que conduzcan el desarrollo de la evaluación educativa.

3. Señalar los criterios de evaluación mediante acuerdos tomados previamente por el equipo de profesores de la materia, con relación a la conceptualización de la evaluación y de su correspondiente desarrollo operativo, teniendo siempre en cuenta el marco normativo que les afecte.

4. Determinar la participación que los estudiantes vayan a tener en la evaluación de su aprendizaje (autoevaluación), junto con otros agentes de evaluación, fundamentalmente los profesores (heteroevaluación) y sus propios compañeros (coevaluación).

5. Seleccionar los diversos tipos de técnicas e instrumentos a utilizar en función de los estudiantes, los contenidos, y el momento de su aplicación.

6. Organizar los aspectos operativos de la evaluación referentes a la temporalización, sesiones de evaluación de los profesores, criterios de corrección, de calificación y de promoción académica.

7. Establecer el equilibrio evaluativo de los distintos tipos de contenidos dentro de una perspectiva, a la vez integradora y diversificada, de carácter formativo.

8. Determinar los documentos o momentos de información de los resultados de las evaluaciones a los interesados: estudiantes, profesores, centro y la administración académica, etc.

9. Prever los recursos y materiales necesarios para la ejecución de la evaluación; y señalar los apoyos o las influencias del entorno académico.

10. Fomentar la metaevaluación como medio para revisar el proceso y resultados; así como la actuación de los agentes de la evaluación.

1.3 Participantes del proceso de evaluación: el estudiante

Los participantes involucrados en el proceso de evaluación diferirán según la naturaleza, alcance, contenido de la evaluación, herramientas utilizadas o propósito de la evaluación.

El primero de los participantes que se nos viene a la cabeza es el **estudiante** que se encuentra en el centro del proceso de enseñanza y aprendizaje, ya sea de manera individual o colectiva. Si no hubiera personas a las que enseñar una serie de contenidos no existiría la escuela, por lo que el estudiante se sitúa en el foco central de este proceso. Aunque se pueden dar evaluaciones donde no aparezcan los estudiantes de manera directa, sino indirecta a través de las pruebas de rendimiento o los datos sobre promoción o repetición de curso. Los estudiantes pueden participar en la evaluación de su rendimiento académico, de su percepción sobre el clima de clave, la atención a la diversidad y la inclusión, sobre la motivación por las asignaturas y sus expectativas profesionales y de vida, se les puede preguntar sobre las relaciones escolares y los procesos pedagógicos, se les puede realizar un diagnóstico de rendimiento, competencias y capacidades. También se les puede preguntar sobre el ambiente en el centro escolar y la cultura que se da para el aprendizaje y los recursos del centro. Se puede obtener información sobre su comunidad escolar y la implicación de los padres y madres y el de otros profesionales. Los estudiantes son una fuente de información inestimable por ser el centro de atención de los procesos escolares. Vamos a centrarnos brevemente en la evaluación del rendimiento y en la evaluación diagnóstica psicopedagógica por la importancia que estas tienen dentro del proceso educativo.

1.3.1 Evaluar el rendimiento académico

Una de las evaluaciones capitales es la del rendimiento académico de los estudiantes. Esta es la evaluación principal, ya que el objetivo principal de la escuela es que los estudiantes adquieran una serie de conocimientos en los diferentes ámbitos de la realidad. Las principales asignaturas son lengua y matemáticas. De hecho, como señala Enkvist (2011), un buen uso del lenguaje es un elemento primordial para la enseñanza de las matemáticas. Las formas de medir el rendimiento académico son variadas, pero todas se dirigen a medir los estándares y competencias requeridos por la asignatura que se concretan de un currículum nacional. Los datos de las diferentes asignaturas se pueden comparar para ver si los estudiantes presentan un mejor desempeño en aquellas que son más de letras, de números, relacionadas con las artes o con el deporte. La forma de valorar el rendimiento puede variar, pero cualquier forma de evaluación establece una relación entre elementos dentro de un sistema que marca los puntos máximos y mínimos, los estándares suficientes para aprobar la asignatura, el contenido que se relaciona con los valores y las herramienta para medir los valores.

A este respecto, seguimos el aporte de Sime (2005), donde refleja la crítica a la evaluación de dos autores. Por un lado, Sime describe como Guiroux aboga por un tipo de evaluación donde el docente y el estudiante acuerden la nota Para Guiroux, la escuela debe fomentar el pensamiento crítico entendido como el pensamiento que nos permite transformar la realidad y sus inequidades e injusticias, un objetivo complicado de alcanzar por todos los elementos que se tienen que dar cita para poder alcanzar ese tipo de pensamiento en un entorno que se aboga por la reproducción de la sociedad para mantener el estado de las cosas. La crítica sería el proceso por el cuál podemos resistir frente a las necesidades reproductivas del sistema. La calificación dialogada permite conocer el fondo socioeconómico y cultural del estudiante ajustando la calificación a sus intereses, motivaciones y su estado anímico personal y social, así como rompe con la dinámica autoritaria de la calificación impuesta por el docente.

Por otro lado, Moragues señala que el sistema actual de calificación fomenta la competencia y la individualidad, no permite conocer en profundidad el conocimiento y esfuerzo del sujeto, encasilla a los estudiantes y estos no son capaces de comprender la complejidad de estas evaluaciones por la falta de especificación. Moragues defiende una evaluación informativa válida que se aleje de la nota numérica. Aboga por finalizar la evaluación en la primaria, pero si mantenerla en la secundaria. La evaluación debe ser diagnóstica, formativa, pero no sumativa, la sumativa se convierte en una especie de conclusión de lo que ha sido el curso escolar. Defiende la evaluación participativa desde la autoevaluación, donde el estudiante se pone frente a su propio proceso de desarrollo de forma crítica, a la heteroevaluación, la evaluación entre pares, donde los compañeros se convierten en actores críticos de lo que ha sido el proceso individual de cada estudiante, así como se puede realizar una evaluación grupal a modo de focus group.

Siguiendo con el desarrollo regular de la evaluación, vamos ver la propuesta de Castillo y Cabrerizo (2010) para la evaluación del rendimiento. Estos autores proponen la evaluación del rendimiento a través de los conceptos, de los procedimientos y las actitudes, que son tres ámbitos en los que se puede dividir los contenidos, capacidades y habilidades a aprender por parte de los sujetos:

A) El aprendizaje de contenidos se remite a la comprensión o a la interiorización de datos y hechos y conceptos. La evaluación de estos elementos se da a través del reconocimiento de los datos, hechos o conceptos o a través de la recuperación de estos datos, hechos y conceptos. Podemos pensar en un examen tipo test o en un examen donde los estudiantes deben escribir un texto que tienen que recuperar. En el primer caso se usa el reconocimiento y el segundo en la comprensión, principalmente.

B) Los aprendizaje procedimentales son formas de hacer las cosas, procedimientos y habilidades que se ponen en práctica. Estos se relacionan con saber hacer algo, con procedimientos prácticos que conllevan habilidades que se desempeñan. Podemos encontrar habilidades propias de una actividad como resolver una ecuación de segundo grado y habilidades compartidas con diferentes actividades como la organización de los datos de un problema.

C) Los aprendizajes actitudinales conllevan actitudes ante determinadas situaciones y los valores, las ideas que marcan nuestra forma de comportarnos ante los demás. Un estudiante puede tener una actitud pasiva ante la explicación del docente y puede presentar valores de solidaridad y altruismo cuando tiene que compartir los deberes con sus compañeros. Los valores se traducen en decisiones tomadas ante determinadas situaciones. Las actitudes se expresan en manifestaciones del sujeto. Tanto las acciones como manifestaciones pueden ser más o menos activas. El sujeto puede no hacer nada cuando están pegando a un compañero y está demostrando unos valores de desinterés ante sus semejantes o falta de empatía.

El rendimiento se deberá evaluar a los estudiantes con necesidades educativas especiales o que reciben algún tipo de apoyo educativa. En este casos, debemos tener en cuenta que la evaluación irá con relación a las adaptaciones que se realizan. Estas adaptaciones serán significativas, cuando se realicen cambios sustanciales al currículum relacionados con los objetivos o los criterios de evaluación, no significativas, cuando se realicen cambios en la metodologías o en las actividades a realizar, y adaptaciones de acceso al currículum, que son aquellas que involucran cambios en el acceso a los espacios educativos. Dentro del apartado de los estudiantes con necesidades educativas especiales y que necesitan apoyo, la evaluación psicopedagógica es un elementos imprescindible.

1.3.2 La evaluación psicopedagógica

Este tipo de evaluación se estudiar cuando tratamos el tema de las necesidades educativas especiales o los problemas específicos de apoyo educativo. Por la importancia que reviste esta evaluación, vamos a estudiarla someramente. Según Castillo y Cabrerizo (2010, p. 155), las características de una evaluación psicopedagógica son las siguientes:

1. Debe ser integradora, en la medida en que debe considerar todos los aprendizajes del alumno para determinar qué necesidades educativas presenta.

2. Debe tener un carácter procesual, ya que su elaboración constituye un proceso sistematizado en el que, cada uno en su momento, individual o conjuntamente, deben intervenir los profesores de aula, el profesor-tutor y el orientador escolar.

3. Debe ser coherente, ya que su puesta en práctica debe estar adaptada a las necesidades de cada alumno, para ajustar en lo posible su proceso educativo.

4. Debe estar planificada de acuerdo con las estrategias adoptadas conjuntamente por el equipo educativo, profesor-tutor y orientador.

5. Debe estar contextualizada, de modo que sea adecuada a las características del alumno, teniendo en cuenta su contexto social, escolar y familiar.

6. Ha de ser exhaustiva, de tal modo que proporcione información amplia en cantidad y calidad de todos cuantos ámbitos sea necesario evaluar.

7. Ha de ser rigurosa, ya que debe reflejar la realidad de todos los elementos que intervienen en la misma.

8. Ha de ser participativa, ya que en ella deben involucrarse cuantos docentes tengan influencia directa sobre el alumno, además de los padres: profesores, profesor-tutor y orientador.

9. Ha de ser proporcionada, es decir, ajustada a las características de cada alumno en particular y a las necesidades educativas que presenta.

10. Ha de tener un enfoque multidisciplinar, ya que en su desarrollo ha de tenerse en cuenta el grado de consecución de los objetivos de todas las materias que esté cursando el alumno.

11. Ha de ser ponderada, intentando determinar en lo posible el logro de los objetivos de las materias que esté cursando.

En este punto se debe destacar la tarea del docente como uno de los profesionales y adultos que invierte un tiempo considerable en observar y tratar con los estudiantes como un elemento clave para la detección temprana de la posibles discapacidad o problema de aprendizaje. Cuando el docente se encuentre ante un posible caso, deberá ponerse en contacto con otros docentes para pedir una segunda opinión y, de manera paralela, ponerse en contacto con el pedagogo, psicopedagogo o psicólogo del centro de orientación. El docente deberá colaborar en todo lo posible para esclarecer las dificultades de aprendizaje del estudiante. Es tarea del pedagogo la evaluación de la posibles discapacidad asociada a los problemas de aprendizaje y derivarlo para posibles observaciones por parte del médico de referencia según el tipo de discapacidad. Una vez realizada la evaluación psicopedagógica con las recomendaciones del departamento, el docente tendrá que determinar de qué manera integrar los hallazgos de la evaluación con los procesos de enseñanza aprendizaje del aula.

1.4 Participantes del proceso de evaluación: el docente

El **profesor** es un elemento esencial de los procesos escolares por las competencias y responsabilidades que requiere su trabajo, el lugar que ocupa como docente de un grupo de estudiantes, mediador con otros profesionales y el equipo directivo del centro y con las familias y la comunidad en general. El profesor debe rendir cuentas ante el estudiante, el equipo directivo, las familias y, en ocasiones, ante la comunidad educativa. La relación con el docente y sus estudiantes, con otros compañeros y con las familias, la percepción y creencias sobre su propia práctica pedagógica y la de sus compañeros, sobre la inclusión educativa o las nuevas tecnologías digitales aplicadas al aula, sus ideas sobre la organización del centro, los conceptos que utiliza a la hora de planificar la enseñanza o las adaptaciones curriculares a estudiantes con discapacidad, con problemas de aprendizaje o en situación de riesgo escolar, entre otros elementos son los que pueden entrar dentro de las posibilidades de una evaluación a docentes.

Siguiendo a Francisco Tejedor (2012, p. 322), debemos tener en cuenta los siguientes elementos en la evaluación docente:

Se trata de un proceso que debe orientarse a la estimación del nivel de calidad de la enseñanza.

Se trata de conseguir una utilidad efectiva del conjunto del proceso como recurso de perfeccionamiento docente.

Se pretende informar al profesor para ayudarle a cambiar.

La evaluación permite investigar sobre el proceso de enseñanza-aprendizaje.

Aunque no hay recetas universales, se sabe que hay comportamientos docentes que ayudan mejor que otros a conseguir los objetivos propuestos, a conseguir mejores resultados.

La evaluación del profesorado es un fenómeno complejo, que requiere estrategias diversas, integrantes de un programa de evaluación amplio que incluya necesariamente referencias a diversos elementos de la institución: organización del centro, programas docentes, recursos, capacitación de los estudiantes, contexto social, etc.

De igual manera, Tejedor (2012) propone una serie de puntos a tener en cuenta para desarrollar estrategias para la evaluación docente:

1. La evaluación docente se puede realizar desde la autoevaluación docente y desde la percepción, ideas y creencias que tienen los docentes sobre sí mismos y sobre el grupo. En este caso, el docente debe tener un mínimo de carácter crítico sobre su propia práctica. Es complicado hacernos cargo de los posibles fallos que tenemos delante de otros compañeros, aunque esta sería una de las claves del desarrollo docente. Es necesario incluir evaluaciones sobre la propia práctica, así como evaluaciones planificadas con los compañeros donde puedan actuar de amigo crítico en el aula.

2. La evaluación docente se puede realizar desde la perspectiva de los directivos, gerentes, jefe de estudios, desde la inspección educativa u otros organismos e instituciones internas o externas a la comunidad educativa. Este tipo de evaluación suele ser más jerárquica y basada en posiciones de poder y control por parte del equipo de dirección que pueden hacer que la evaluación pierda su capacidad de medir la realidad de lo que ocurre en el aula. No es lo mismo saber que te están evaluando para mejorar la práctica que para rendir cuentas sobre tu desempeño.

3. Los estudiantes pueden ayudarnos a conocer las fortalezas y debilidades de los docentes. Los estudiantes nos pueden ayudar a conocer la capacidad del docente para motivar al grupo clase, para incluir elementos novedosos y sorprendentes en el aula, el volumen de actividades realizadas en el aula, el uso de las nuevas tecnologías, etc. Cuantos más alumnos participen, más nítida será la imagen que nos hagamos de la práctica docente.

4. Se puede evaluar el rendimiento del docente según el rendimiento de los estudiantes. Esta perspectiva se ubica dentro de la rendición de cuentas por productos, una idea muy cercana a las posiciones capitalista de trabajo por productos, no por el tiempo dedicado a los estudiantes. Esta evaluación nos puede ayudar cuando las magnitudes de aprobados y suspensos sean altas, pero puede que no nos aporten muchos más datos.

5. Por último, se pueden evaluar las competencias docentes que guardan relación con su desempeño profesional en la adquisición e integración de conocimientos y su capacidad para comunicarlos en el aula, habilidades del aula, su capacidad para relacionarse con los alumnos y con otros compañeros que guarda relación con su competencia afectivo, moral y emocional (Tejedor, 2012).

Para finalizar este apartado vamos a presentar un cuadro de posibles dimensiones e indicadores para la evaluación docente obtenido de Tejedor y Ana García-Varcárcel (2010, p. 452):

Dimensión	Indicadores
Capacidades pedagógicas	Grado de dominio de los contenidos que imparte y de su formación pedagógica básica
	Capacidad para hacer su materia interesante
	Capacidad para planificar adecuadamente el proceso docente
	Capacidad de innovación en el uso de metodologías didácticas
	Alcance de su contribución a un adecuado clima de trabajo en el aula
	Capacidad para identificar y comprender las situaciones de aula y ajustar su intervención pedagógica
	Utilización de variedad de prácticas educativas
	Grado de conocimiento y tratamiento de las características psicológicas individuales de los alumnos
	Grado de información sobre la marcha del aprendizaje de sus alumnos
	Contribución a la formación de valores
	Capacidad para realizar su autocapacitación
	Capacidad para crear un ambiente favorable para que el alumno conozca sus derechos y responsabilidades y aprenda a ejercerlos
	Capacidad para desarrollar un proceso de reflexión autocrítica permanente sobre su práctica educativa
Personalidad	Vocación pedagógica
	Autoestima
	Capacidad para actuar con justicia y realismo
	Nivel de satisfacción con la labor que realiza
	Entusiasmo
Responsabilidad en el desempeño de sus funciones laborales	Asistencia y puntualidad al centro y a sus clases
	Grado de participación en las sesiones metodológicas o en jornadas de reflexión entre docentes
	Cumplimiento de las normas del centro
	Nivel profesional alcanzado
	Implicación personal en la toma de decisiones del centro
	Grado de autonomía profesional relativa alcanzada en su trabajo
Relaciones interpersonales	Nivel de comprensión de los problemas de sus alumnos
	Desempeño adecuado de las tutorías con alumnos y padres
	Nivel de expectativas respecto al desarrollo de sus alumnos
	Flexibilidad para aceptar la diversidad de opinión de sus alumnos y respeto real a las diferencias de género, nacionalidad, clase social...
Resultados de su labor educativa	Rendimiento académico alcanzado por sus alumnos
	Nivel de adquisición de las competencias básicas, específicas e instrumentales por parte de sus alumnos
	Grado de orientación valorativa alcanzado hacia las cualidades deseables de acuerdo al modelo de hombre que se pretende formar
Actividades de gestión	Desempeño de responsabilidades de gestión en el centro
	Colaboración con el equipo directivo del centro
	Colaboración con los compañeros
	Colaboración en la prestación de servicios a la comunidad
Condiciones de desarrollo de su actividad docente	Carga de trabajo
	Infraestructuras y disponibilidad de recursos
	Facilidades para la autoformación

1.5 Participantes del proceso de evaluación: el centro escolar

El centro escolar es el encargado de concretar el currículum en el proyecto educativo de centro y en las programaciones anuales para cada curso. El proyecto educativo de centro es conocido bajo diferentes denominaciones según el país en el que nos encontremos. En España es conocido como Proyecto Educativo de Centro y en Ecuador como Proyecto Educativo Institucional, por poner un ejemplo. En el caso de las programaciones anuales, nos referimos a la programación que deben realizar los docentes para organizar la práctica en el aula. En el caso de España, se denomina la Planificación Didáctica en Primaria y la Programación de Departamento en Secundaria y Bachillerato. En el caso de Ecuador, se denomina la Planificación Curricular Anual para Básica y Bachillerato, por ejemplo.

1.5.1 La evaluación el proyecto educativo de centro

Siguiendo a Castillo y Cabrerizo (2010, pp. 162 y 163), presentamos una guía de los elementos a tener en cuenta para realizar la evaluación del proyecto:

1. Con respecto al análisis del contexto se trata de analizar:

- La validez de los datos de la zona de influencia.

- El mantenimiento de las características que la definen.

- Las características de los miembros de la comunidad educativa: alumnos, padres y profesores.

2. Con respecto a las características del centro, se trata de revisar:

- Los puntos de partida (definición institucional).

- Carácter del centro.

- Líneas programáticas que lo definen.

- Línea metodológica general.

- Estructura organizativa del centro:
— Órganos de gobierno.
— Órganos de coordinación docente.
— Órganos funcionales, etc.

3. Se trata asimismo de revisar los objetivos generales del centro en distintos ámbitos:

- Pedagógico.

- Económico-administrativo.

- Convivencial.

- De los recursos.

- De los servicios...

4. También deben ser revisados todos los aspectos relacionados con la participación en la vida del centro:

- De los padres.
- De los alumnos en los distintos estamentos del centro.
- De las asociaciones de padres y madres.

La evaluación del proyecto de centro deberá realizarse de manera interna por los propios docentes, equipo directivo, estudiantes, familias y demás comunidad educativa involucrada o interesada. No obstante, las instituciones de inspección educativa del contexto también se encargarán de realizar sus evaluaciones periódicas. Nos encontramos con una evaluación interna y externa del centro.

1.5.1 La evaluación de las programaciones anuales

De estas programaciones, se evalúan aspectos generales y los elementos de la programación. En cuanto a los **aspectos generales**, lo importante de la evaluación es la enseñanza y la evaluación. Castillo y Cabrerizo (2010), señala los siguientes elementos a tener en cuenta:

1. Sobre **enseñanza**.

- El *qué* enseñamos: los objetivos, contenidos, la priorización de contenidos y objetivos.
- *Cómo* enseñamos: la metodología, agrupamientos, espacios, materiales y recursos didácticos utilizados.
- *Cuándo* enseñamos: habrá que analizar: horarios generales y temporalización de objetivos.

2. Sobre **evaluación**.

- *Qué* evaluamos: grado de adquisición de objetivos y contenidos.
- *Cómo* evaluamos: características de la evaluación, criterios de evaluación, criterios de promoción de curso o etapa, criterios para la obtención de titulación, procedimientos e instrumentos de evaluación, etc.
- *Cuándo* evaluamos: es necesario analizar si la evaluación es continua y se está realizando en los momentos idóneos, si es inicial, formativa, sumativa.

En cuanto a los elementos de la programación, nos podemos encontrar los siguientes de manera general:

- Los *objetivos*: expresan los aprendizajes a logar ya sean conceptuales, procedimentales, actitudinales, etc.

- Los *contenidos*: son el conjunto de conceptos que concretan los aprendizajes a alcanzar. Los aprendizajes son aquellos conceptos, ideas, fórmulas, etc., objeto de aprendizaje por parte de los estudiantes.

- La *metodología*: es la selección de agrupamientos y formas de trabajo de los aprendizaje.

- Los *criterios de evaluación*: expresan la conducta observable de los estudiantes requerida para conocer si el estudiante ha alcanzado el objetivo propuesto.

En España nos encontramos la inclusión de las competencias o en Ecuador podemos encontrar los criterios de desempeño. En cada país podemos encontrar diferentes elementos que intentan precisar o delimitar los elementos del currículum. La evaluación de las programaciones anuales deberá realizarse por los docente de etapa, ciclo o de departamento sobre la idoneidad de estos elementos. También podemos preguntar a los estudiantes para ver cuál a sido el nivel de seguimiento, validez, interés y significación por los contenidos planificados.

2 Instrumentos de evaluación

Por la naturaleza de estas herramientas, las vamos a dividir en instrumentos cuantitativos y cualitativos. Los instrumentos cuantitativos recogen información de carácter numérico, es decir, traducen la realidad, lo evaluado, a números que se encuentran dentro de una escala. Los instrumentos cualitativos recogen información de carácter textual, traducen la realidad a textos que expresan conceptos, ideas, creencias, etc. Las evaluaciones cualitativas son más profundas que las cuantitativas. A través de la aplicación de un cuestionario podemos saber si el estudiante reconoce un concepto o sabe unir dos ideas. Si realizamos una evaluación cualitativa es porque estamos observando cómo el estudiante utiliza esos conceptos o ideas en una situación parecida a la realidad o en contextos reales o queremos extraer más información sobre el desempeño de los estudiantes mientras están inmersos en otras actividades.

Dentro del ámbito de la investigación se da la disputa del uso de herramientas cuantitativas y cualitativas que, por la naturaleza de esta discusión, podemos extrapolar al tema de la evaluación y el uso de herramientas cuantitativas y cualitativas. Uno de los problemas que surgen es que el uso de unas herramientas desvirtúa el tipo de investigación y podría complicar la triangulación de datos en algunos casos. En el caso de la evaluación no nos encontramos con este inconveniente. De hecho, cuanto más conozcamos el rendimiento y comportamiento de los estudiantes en su desempeño, más precisas y ajustadas serán nuestras evaluaciones y más consecuentes serán nuestros juicios y decisiones tomadas.

Las herramientas de evaluación son un instrumentos para medir y valorar el desempeño de los estudiantes, pero también como una herramientas para reflexionar sobre la práctica. Las herramientas que utilicemos no solo nos tienen que servir para ubicar el desempeño del estudiante entre los límites de una escala, sino que nos tiene que permitir reflexionar sobre la práctica a la vez que nos ayuda a crecer como personas y profesionalmente tanto a docentes como estudiantes. Esta perspectiva aboga por evaluaciones de tipo cualitativo tales como las entrevistas o los focus group.

La práctica evaluativa más utilizada es la cuantitativa tanto a nivel micro como macro, ya que es la más fácil de utilizar, de valorar y la que nos permite obtener datos de grandes poblaciones. En los últimos años han aparecido evaluaciones a nivel internacional que influyen en los países para que apuntes sus esfuerzos a generar dinámicas, procesos y estructuras que faciliten la toma de datos cuantitativa. Estos datos facilitan la valoración y el juicios sobre los mismos, tanto a la hora de evaluar a estudiantes como a los docentes. Un grupo de estudiantes que presente un promedio de bajas notas por debajo de otro grupo puede suscitar la idea de que la culpa del promedio bajo es del docente, por ejemplo. Las pruebas cualitativas son más difíciles de observar a simple vista ya que se necesita de la comprensión de los conceptos utilizados dentro de un contexto particular. Hay evaluaciones que requieren de instrumentos cuantitativos y cualitativos como la evaluación psicopedagógica que hemos visto en el tema anterior.

Vamos a definir que entendemos por instrumento, herramienta y técnica de evaluación.

Según la RAE, un instrumento sería un objeto fabricado concreto que se utiliza con algún propósito. La herramienta se define también como un instrumento. En este caso, un instrumento o herramienta para la evaluación sería todo objeto fabricado que nos ayude a evaluar, esto es, a valorar a un estudiante o programa dentro de una escala predeterminada.

Una técnica según la RAE tiene que ver con la aplicación de una ciencia o arte. La técnica vendría a ser el proceso por el cuál se aplica un instrumento de una ciencia. Entonces, la técnica supone el proceso de aplicación y el instrumento es lo aplicado. La palabra instrumento o herramienta la podemos utilizar de manera indistinta. El concepto de técnica señalará un proceso que guarda relación con la evaluación.

Antes de comenzar con el tema propiamente, vamos a introducir una perspectiva de la evaluación que creemos que es pertinente para el caso.

2.1 La perspectiva materialista de la evaluación

Aquí voy a intentar explicar la evaluación como un elemento del proceso educativo estudiado desde el materialismo. El materialismo es un campo de estudio que se centra en aquello que existe, en la materia realmente existente, en aquellos objetos que podemos comprobar que existe a través de las operaciones que realizamos en el medio. Este campo de estudio filosófico, somo señala Bunge (1981), me parece pertinente para superar la perspectiva constructivista que domina el pensamiento educativo. La perspectiva constructivista se centra en la idea de que es el sujeto quién genera el conocimiento a través de su actividad. Esta idea, aunque no recoja por completo la perspectiva idealista que nos dice que el sujeto es quién configura y crea la realidad a través de una serie de categorías a priori, sí que deriva en un subjetivismo, esto es, a poner en el centro de atención las necesidades subjetivas de los estudiantes, docentes, familiares, etc., en detrimento de una posición realista que nos señala que el conocimiento es algo que los sujetos deben alcanzar. La perspectiva materialista señala la importancia de ambos elementos, de los sujetos y objetos, y esto nos permita reflexionar sobre la manera en la que debemos diseñar el proceso educativo, así como el proceso de evaluación.

Desde una perspectiva materialista, el ser humano es un ser biológico, un ser autopoietico, como señalan Maturana y Varela (1998), cuyo principal objetivo es la supervivencia que la consigue a través de su adaptación y control del medio. La educación es el proceso que te permite adaptarte y dominar el medio. El conocimiento vendría a ser lo que se adquiere del medio, el aprendizaje sería el proceso por el cuál conocemos el medio a través de las operaciones del sujeto en el medio. Dada la complejidad de la posibilidad de dominar el medio, el aprendizaje individual deja paso al aprendizaje colectiva y, más tarde, a la educación, que es el proceso por el que los sujetos con más experiencia enseñan a dominar el medio a los sujetos menos experimentados.

Lo que nos importa en este punto es que la evaluación supone valorar el nivel de desempeño y logro de los estudiantes fijándonos en lo que están efectivamente haciendo, atendiendo tanto al progreso del sujeto como al conocimiento objetivo alcanzado. Debemos tener en cuenta tanto al sujeto en sí como al objeto de estudio. Entonces, debemos tener en cuenta que lo que el sujeto podrá aprender será una parcela de conocimiento cada vez. El conocimiento por adquirir deberá ser delimitado por el docente y la evaluación responderá a ese conjunto de conocimientos concretos. Si atendemos a que la realidad es un todo complejo que guarda una multitud de relaciones, como señala Bhaskar, nuestro deber será delimitar la parte de la realidad que será necesaria domeñar para el sujeto en cada momento. Y la selección de estos contenidos depende tanto de las características del sujeto y el medio social en el que vive, como del conocimiento que debe ser alcanzado. El tema capital en este caso estriba en que conforme se va complejizando el mundo al que accede el estudiante, la evaluación se vuelve más compleja y no está exenta de crítica, sobre todo teniendo en cuenta que a veces el docente evaluará procedimientos sobre lo que debe realizar una serie de suposiciones de partida, como que todos los estudiantes están pensando en lo mismo o están igual de enfocados en la actividad o la actividad significa para ellos lo mismo.

Con esto no quiero caer en una posición nihilista y relativista donde no se pueda alcanzar una postura que mida de manera precisa el progreso del estudiante, sino que nos vamos a encontrar con situaciones que requerirán de una gran esfuerzo de comprensión y de juicio para aceptar una valoración realista con lo que le hemos pedido al estudiante, lo que debería saber para el curso en el que se encuentra, el esfuerzo del estudiante, las inferencias a las que llega, el uso de los conceptos y los conectores, el volumen del contenido a corregir, etc.. La misma realidad no está exenta de juicio y crítica o la lectura y explicación que hacemos de ella. La complejidad y la confusión es parte del proceso de investigación, filosófico o de conocimiento en general. Está es nuestras manos el clarificar el uso que hacemos de los conceptos, las ideas, etc., pero esto no está exento de que surjan posiciones dispares desde las que entender la realidad. Esto se ve claro, por ejemplo, cuando se quiere estudiar la realidad desde diferentes sistemas filosóficos confrontados entre sí. Es decir, el conocimiento se vuelve cada vez más complejo y necesita de una buena base de argumentación y justificación para poder ceñirse a lo que se quiere enseñar. Con eso no estoy diciendo que haya diferentes formas de entender la realidad, pero si diferentes sistemas, sistemas que desarrollado desde ideas racionales pueden ser confrontados por otros sistemas, pero no quiere decir cada un sistema genere una realidad distinta, sino que los sistemas son diferentes formas de explicar la realidad, el sistema emerge de la realidad en la que vivimos. El materialismo emerge de lo experimentado centrándose en las cosas que existen y el idealismo emerge igualmente de lo existente, pero entiende que la realidad emerge del sujeto humano.

Estas últimas disquisiciones son adecuadas cuando nos encontramos en un nivel universitario. A nivel de formación básica, obligatorio y de bachillerato debemos preparar a los estudiantes para alcanzar estas cotas de desempeño. Por esto, desde una perspectiva materialista abogo por una evaluación que conlleve, en un primer lugar, una práctica repetitiva y basada en la instrucción que se pueda evaluar de manera objetiva y clara, a una evaluación que se centre paulatinamente en elementos de aprendizaje complejos como la argumentación, la inferencia lógica, la reflexión, la creatividad, et., y requieran para su evaluación la reflexión y la crítica por parte del docente y del estudiante que permita entablar un diálogo para el aprendizaje mutuo, algo así como la evaluación reflexiva que proponía Guiroux, donde se permita al estudiante volver a expresarse sobre lo evaluado. De alguna manera, debemos apelar a la honestidad y a la veracidad del relato del estudiante, aunque algunos intentarán aprovechar la coyuntura para defender una postura que tal vez no era la que querían plasmar en el ensayo, un tipo de evaluación que estaría en un nivel elevado de evaluación.

Otro de los elementos clave es entender que el principio de la enseñanza es instrucción y repetición de ejercicios, ideas, etc, por lo general de carácter simple o sencillas, que poco a poco permiten construir un corpus de conocimiento que nos llevan a desarrollar capacidades más complejas como la inferencia, el razonamiento, etc. Esta primera fase de instrucción también permite desarrollar una cultura del trabajo sistemático, repetitivo y generar hábitos de estudio sistemáticos que van cambiando con el paso del tiempo. Por ejemplo, una de las claves de la educación constructivista en estos tiempos es hablar de la capacidad de la creatividad e imaginación de los estudiantes y las posibilidades de explotarla. A veces se hablan de estos elementos como si fuera algo que puede emerger del estudiante (idealismo), pero la realidad es que para ser creativos, imaginativos o innovadores hace falta tener un cuerpo de conocimiento amplio y extenso para innovar, ser creativos o imaginar desde ahí. Al igual que el trabajo cooperativo, colaborativo o por proyectos. A veces se utiliza como una metodología que mejora el rendimiento de los estudiantes per se, pero no es así, como han señalado algunos autores. El trabajo cooperativo es una forma de trabajar que debemos aprender. No solo porque nos coloquemos por parejas vamos a saber trabajar por parejas.

Por concluir este apartado, la perspectiva materialista señala la necesidad de pensar y reflexionar sobre lo que hacemos en el aula, sobre lo que hay y con qué contamos para llevar cabo la clase. La perspectiva materialista también nos avisa de que lo que nos sucede en el aula es algo que emerge de la confluencia de la materia que participa del proceso educativo y cuyos resultados son imprevisibles. Como señala Rendueles (2016, p. 112):

> "El gran descubrimiento del materialismo histórico es que las fuerzas productivas y las relaciones de producción no son una realidad mineral ordenada y de efectos predecibles, sino una erupción social tumultuosa, un conjunto de tensiones de gran complejidad que se mantienen en un equilibrio precario."

Antes esto, hay que señalar que una forma de evaluar adecuada será aquella que nos permite establecer cambios durante el proceso de enseñanza aprendizaje y tomar datos de diferentes fuentes que nos permita conocer a fondo el progreso del estudiante.

Por último, dejar constancia de que el proceso de evaluación es un elemento muy importante del proceso educativo que hay que conducir de manera sistemática y rigurosa a la vez que sirva como elemento para la mejora de los estudiantes y docentes.

2.2 Herramientas cuantitativas

Las herramientas de evaluación cuantitativas son aquellas que reducen la realidad a una serie de números ya que la evaluación se realiza de manera positiva, es decir, el dato a evaluar aparece o no aparece, por lo que las preguntas a ofrecer estarán dirigidas y serán cerradas, esto es, no se podrá responder de manera que conlleve la interpretación del docente. Estas evaluaciones reducen la realidad a números que se analizan a través de la estadística descriptivas, con formulas que establezcan correlaciones u otro tipo de análisis estadísticos. Algunas de estas herramientas son los cuestionarios, entrevista estructurada y la observación cerrada.

Cuestionarios

Los cuestionario son una herramientas de recogida de datos a través de preguntas cerradas, esto es, preguntas donde la respuestas está dirigida por parte de quién realiza el cuestionario. Los pasos para realizar un cuestionario serían los siguientes siguiendo, en parte, a Mcmillan y Schumacher (2005):

1. *Tener clara la teoría educativa desde la cual se parte*: Se debe reflexionar sobre qué es el aprendizaje para los docentes, tener claro el tipo de conocimiento, el uso del conocimiento, la labor del estudiante, la metodología que se está utilizando, etc. No se puede realizar un cuestionario sin prever para quién va destinado y las características principales de ese grupo. Es importante ver en qué teoría educativa se enmarca la evaluación y partir de ahí para configurar la herramienta de recogida de datos.

2. *Justificación y objetivos*: se debe señalar para qué se utiliza el cuestionario y porqué la información que queremos recoger es a través de este tipo de

cuestionario y no de otro. Esto se relaciona con el sentido del proceso de enseñanza que se está desarrollando. Si fuera pertinente, estos datos deberían acompañar al cuestionario en una breve introducción.

3. *Redacción de ítems y comprobar su adecuación*: Se debe seleccionar el contenido de los ítems, el contenido sobre el que se le va a preguntar a los estudiantes y la forma del ítem. Ahora veremos las diferentes formas de elaborar un ítem. Antes de elaborar el cuestionario definitivo debemos comprobar su adecuación junto con otros compañeros que conozcan el contenido de lo evaluado.

4. *Prueba piloto y revisión del cuestionario antes de utilizarlo*: Antes de realizar la prueba final, se debería hacer una prueba piloto con algunos estudiantes para ver si el cuestionario es comprensible y se puede realizar en el tiempo estipulado. Una vez realizadas las correcciones pertinentes se revisa de nuevo con los compañeros.

En realidad, estas indicaciones valdrían para el resto de las herramientas de evaluación ajustadas, eso sí, a la naturaleza de cada instrumento.

Vamos a ver de qué manera desarrollar los ítems que completan nuestro cuestionario.

1.1.1 Desarrollo de los ítems cuestionario

Según la naturaleza de la evaluación, podremos ubicar un tipo de ítems u otro. En principio, los dos tipos de ítems que debe colocarse en un cuestionario son 1) de tipo sociodemográfico y personales y 2) sobre el contenido de lo que se evalúa. Si nos encontramos ante una evaluación internacional podemos encontrar ítems relacionados con elementos que no solo tienen que ver con el rendimiento de los estudiantes, sino con el clima en el aula y el centro, el apoyo de las familias, etc.

1) **Los ítems de tipo sociodemográfico** pueden ser los nombres y apellidos si se trata de una examen de carácter privado como en la universidad o sobre el lugar donde vive, la edad, etc., y otros que nos puedan ayudar a contextualizar al sujeto como el nivel percibido de clase o el ingreso mensual de la familia. Estos ítems pueden ser de tipo abierto o cerrado. Por ejemplo, en ocasiones nos vendrá bien que los estudiantes ubiquen su edad dentro de un rango como en el siguiente ítem:

Edad
Sexo
__ *de 18 a 24 años*
__ *de 25 a 35 años* —*Masculino*
__ *de 35 a 55 años* —*Femenino*

En otro momento necesitaremos que nos pongan la edad o el sexo en un ítem abierto como en el siguiente:

Edad:___ Sexo:___

2) **Ítems para la valoración del objeto de evaluación**. Aquí nos encontramos el grueso de los ítems que se refieren a aquello que se quiere evaluar. En principio, podemos valorar desde el rendimiento en una asignatura como la percepción que los estudiantes tienen sobre la calidad de la enseñanza en el aula o el clima de aula y escolar. Por lo general, este tipo de ítems ayudan a recordar parte de lo estudiado, a diferencia cuando tenemos que escribir un ensayo sobre un tema aprendido de memoria que es una acción exclusivamente de recuperación de la información. Nos encontramos con una serie de ítems que podemos utilizar para valorar el objeto de estudio.

Ítems cerrados, dicotómicos y excluyentes: Preguntas del tipo si o no, masculino o femenino, etc., como la que acabamos de ver en el apartado ítems sociodemográficos. Son cerrados porque no dejan más opción que la que se encuentra, dicotómicos por las dos opciones opuestas y excluyentes porque una opción excluye a la otra.

Ítems cerrados, no dicotómicos y no excluyentes: Preguntas con dos opciones donde se da la posibilidad de marcar una, las dos opciones o ninguna opción.

En el aula te llevas bien con (puedes marcar una, dos o ninguna):

____ *Los estudiantes*

____ *Los docentes*

Ítems cerrados multi opción con una respuesta. Preguntas con varias opciones para responder donde solo se requiere una opción.

¿Cuántas horas duermas por la noche?

__ *de 5 a 6*

__ *de 6 a 7*

__ *de 7 a 8*

__ *más de 8*

Ítems cerrados multi opción con varias respuestas. Preguntas con varias opciones para responder una, ninguna o varias opciones.

Señalas las frutas que comes al día (puedes marcar una, varías o ninguna):

__ *Manzana*

__ *Pera*

__ *Naranja*

__*Sandia*

Ítems tipo Lickert. Donde las preguntas son cerradas y se puede seleccionar una opción de un continuo. En ocasiones la evaluación no tendrá un elemento adecuado, por lo que solo se quiere, como se ve en el ejemplo, evaluar el clima del aula.

Señala como te llevas con tus compañeros de clase:

__Muy bien __ Bien __ Regular __ Mal __ Muy Mal

Podemos encontrar ítems como el siguiente donde si hay una respuesta buena y las otras malas:

¿Cómo es la polución del medio ambiente para la salud de lo sujetos?

___ Muy buena ___ Buena ___ Mala ____ Muy mala

Ítems de ordenación. Dada una lista de conceptos, deben ser ordenados según una instrucción.

Señala del 1 al 3 las materias que más te gustan siendo 1 la que más.

__ *Matemáticas*

__ *Lengua*

__ *Inglés*

Ítems para ubicarse en un continuo o ítems que señalan una gradación o de diferencial semántico. Dados dos conceptos opuestos, se pide al sujeto que se sitúe en una escala. Estos ítems están destinados no tanto para el rendimiento de los estudiantes, sino para obtener su percepción.

Señala como percibes el ambiente de clase

Concentración - - - - - - - - - - - - - - - - - - - Distracción

Ítems de unir. En este típo de preguntas el sujeto debe enlazar conceptos con algún tipo de relación.

Une las obras con el tipo de texto

El Quijote Novela

Campos de castilla Poesía

La fundación Teatro

Ítems acompañados de imágenes o texto. Podemos realizar preguntas cerradas sobre una imagen o texto, o utiliza la imagen y el texto a modo de concepto que pueda ser ordenado, seleccionado como respuesta o donde se ubiquen una serie de palabras según la imagen o el texto.

El guardián avanzó raudo por la estepa para evitar ser visto por los alguaciles de la prisión. Las luces estuvieron apunto de darle, pero, al final, no le pillaron.

Di que tipo de texto es:
__ *Prosa*
__*Versa*

Otro ejemplo
Señala con flechas donde está el sujeto y el verbo en la siguiente frase:
El niño come un helado de chocolate. – Sujeto - Verbo

Ítems para completar. En este tipo de ítems, el sujeto debe encontrar la palabras, frase o las letras adecuadas.

Complete la frase
El gerundio de estar es ___________

Podemos encontrar diferentes ítems para evaluar los contenidos, aquí hemos visto algunos de los más destacados y utilizados. De cualquier manera, la clave de estas preguntas es que nos permitan reducir la realidad a números. Por ejemplo, en el caso de los ítems para completar, si el alumno lo ha hecho bien se le pone 1 punto por la actividad y si lo ha hecho mal, se le pone un 0. Esto nos permite tener datos precisos sobre el objeto de estudio. Una crítica que se le hace a este tipo de exámenes es que la evaluación de los estudiantes es algo más que una nota numérica en el examen, el rendimiento del estudiante tiene que ver con los contenidos, pero también con la actitud y con la observación de las destrezas, habilidades y capacidades manuales del estudiante. Una de estas técnicas que se pueden utilizar es la observación que vamos a ver a continuación.

1.1.2 Otras cuestiones sobre el cuestionario

La construcción de ítems se debe realizar con cuidado y mucha precaución. Uno de los elementos que debemos tener presentes es que el estudiante debe comprender el enunciado de la pregunta y lo que el docente requiere que haga. Para ello, los ítems se deben formular de manera clara y concisa, utilizando un vocabulario accesible o utiliza en clase que le pueda dar pistas al estudiante de cómo resolver el ítem. Se puede ubicar aclaraciones o pequeñas instrucciones al principio o en los ítems para aclarar al estudiante qué es lo que tiene que hacer procurando no dar pistas sobre la solución que el estudiante debe dar. De igual manera, el ítem no puede dar pistas para contestar el ítem, a no ser que lo consideremos necesario para resolver la cuestión.

Una polémica que puede surgir en este sentido es sobre la posibilidad de tender una trampa a los estudiantes de tipo conceptual. Para complejizar el examen y que los estudiantes demuestren lo que han estudiado, se pueden redactar ítems donde utilicemos palabras similares, sinónimos, metáforas, etc., que cambien el sentido de la pregunta induciendo al error del estudiante si no es capaz de leer la pregunta con detenimiento o al responderla bajo presión. Con esto podemos comprobar si el estudiante tiene claro cuál es el concepto para utilizar, aunque quedaría en entredicho que el alumno se equivoque por no conocer el término, sino que se equivoca por otros factores añadidos.

Las cuestiones deben responder a diferentes tipos de conocimientos estudiados, deben reflejar la pluralidad de los contenidos y, en la medida de lo posible, motivar la recuperación de información de diferentes formas: a través de la inferencia lógica, a través del reconocimiento de información, de la comparación, de la relación de forma entre contenidos, incluso a través de la utilización de metáforas y otras formas que se nos puedan ocurrir.

Estos cuestionarios se pueden tomar online a través de plataformas como el Google forms o alguna de las que vimos en el tema anterior.

Pruebas estandarizadas y de evaluación general

Ubicamos en este apartado estos dos tipos de pruebas ya que comparten la característica similar de valorar un aspecto del estudiante ya sea dentro de una escala como de manera general para compararlo con otros grupos de estudiantes a nivel nacional o internacional.

1.2.1 Pruebas estandarizadas

Este tipo de pruebas son similares a los cuestionarios en cuanto a su contenido y forma, con la diferencia de que estas pruebas buscan valorar alguna característica del estudiante como su coeficiente intelectual, su capacidad para las matemática o la lengua, entre otras La realización de estas pruebas conlleva enmarcar al estudiante dentro de un rango de desempeño de la capacidad que se está midiendo. Algunas de estas pruebas son las siguientes:

WISC o Escala Wescher: Esta escala permite medir la inteligencia de los niños de 6 a 16 años a través de diferentes tipos de ejercicios. Es apto para conocer problemas del desarrollo como discalculia o dislexia. También hay una escala para medir la inteligencia en adultos. Con la nueva versión se utiliza un software que facilita el análisis y el diagnóstico.

https://www.pearsonclinical.es/wisc-v-escala-de-inteligencia-de-wechsler-para-ninos-v

Raven's 2: Mide el razonamiento y la deducción a través de ejercicios no verbales.

https://www.pearsonclinical.es/contenido/raven-2

K-BIT de KAUFMAN: Mide la inteligencia verbal y no verbal a partir de 4 años. https://www.pearsonclinical.es/k-bit-test-breve-de-inteligencia-de-kaufman

CELF-5. Evaluación Clínica de los Fundamentos del Lenguaje-5: Diagnostica los trastornos del lenguaje y de la comunicación de niños y adolescentes de 5 a 15 años.

BESS. Sistema de cribado conductual y emocional del BASC-3: Evalúa estado emocional y conductual de un individuo o de un grupo de los 3 a los 11 años.

1.2.2 Evaluación general

En este apartado nos encontramos pruebas estandarizadas, cuyo objetivo no es la evaluación particular, sino la comparación a nivel nacional, de región o internacional, aunque esto no esté exento de críticas. Algunas de estas pruebas más conocidas son los informes PISA o la evaluación que se realiza a nivel de región latinoamericana como el TERCE.

Pisa es una evaluación fomentada por la OCDE dirigía a los estudiantes de 15 años. Se evalúan tres áreas: Lectura, Matemáticas y Ciencias, así como se obtienen datos del contexto de los estudiantes. En 2018 se llevó a cabo PISA – D, de Desarrollo, donde participaron algunos países de Latinoamérica como Ecuador o México. Estas evaluaciones nos permiten comparar datos con relación al nivel económico de las familias o según datos del contexto como la cantidad de libros que hay en casa. Por otro lado, este tipo de evaluaciones de organizaciones internacionales tienen objetivos políticos de gobernanza global (Lundgren, 2013). Las relaciones entre los países no son relaciones de cooperación, sino de poder y control según las dinámicas geopolíticas y según las necesidades materiales de materias primas o mano de obra. PISA ofrece un marco educativo basado en una serie de competencias que se deben alcanzar sin tener en cuenta los currículos nacionales y las cuestiones contextuales. PISA es una forma de extender un discurso a escala global sobre lo que es válido y no válido en educación desde una perspectiva positivista, basada en el rendimiento y en la comparación, introduciendo un discurso basada en el esfuerzo que no depende de las condiciones sociales sino de las capacidades individuales. PISA es una forma de control a nivel global que quiere influir en las políticas de cada país a través del discurso y el imaginario capitalista. Es decir, PISA, como otras evaluaciones que se alejan de la realidad de cada país y de las competencias que permitan transformar la sociedad, es un instrumento con una ideología particular que representa los intereses de un grupo de países, sobre todo los países del norte y anglosajones como los EEUU e Inglaterra o de Alemania y Francia, principales países en el ámbito económico dentro de la Unión Europea.[6]

A nivel de región latinoamericana se llevan a cabo un estudio denominado Estudio Regional Comparativo y Explicativo. La última edición fue en 2019. Es muy parecido a PISA y está auspiciado por la UNESCO, por sus siglas en inglés, que significa Organización de las Naciones Unidas para la Educación, la Cultura y la Ciencia, un órgano de la ONU, la Organización de las Naciones Unidas, cuya sede central está en New York, Estados Unidos. Es decir, uno de los estudios más importantes a nivel de américa latina es organizado bajo el patrocinio de una organización que emerge del ámbito anglosajón y europeo. Este estudio evalúa a estudiantes de tercer y sexto grado en lengua y matemáticas. [7] Y también arroja datos interesantes sobre el contexto de los estudiantes: si viven en zonas rurales o urbanas, si van a centros públicos o privados, etc.

Otras evaluaciones de este tipo es la que organiza el IEA (International Association for the Evaluation of Educational Achievement, que en español significa Asociación Internacional para la Evaluación del logro Educativo), sobre las competencias en matemáticas denominado TIMSS (Trends in International Mathematics and Science Study y en español: Estudio Internacional de Tendencias en Matemáticas y Ciencias. Esta prueba evalúa las competencias cognitivas en estas materias de los alumnos de 4º de Primaria y 2º de la Educación Secundaria Obligatoria.

Otro tipo de evaluaciones cada vez más demandadas tienen que ver con la competencia en un idioma extranjero que es necesario para ejercer determinadas profesiones en el país donde se hable el idioma. Algunos de estos exámenes son los que organiza Cambridge o British Council en inglés o el examen que organiza SIELE del Instituto Cervantes junto con la UNAM de México o la UBA de Buenos Aires. La mayoría de estos exámenes se realizan mediante las nuevas tecnologías a través de computadoras monitoreadas por un evaluador.

Entrevista estructurada

La entrevista estructurada es un tipo de evaluación que se realiza por parte del docente o de alguien capacitado para el caso, donde se realizan una serie de preguntas al sujeto evaluado que debe contestar a través de una serie de ítems cerrados.

Es similar al cuestionario, pero este tipo de evaluación se realiza cuando no sea posible para el alumno realizar el cuestionario o cuando se quiera añadir a la evaluación otras habilidades y destrezas como la capacidad de realizar la evaluación en público. Puede ser una técnica adecuada para adaptar la evaluación a las necesidades específicas de apoyo educativo ya sea por discapacidad o por problemas del desarrollo.

Este tipo de entrevista se podría hacer online a través de plataformas como zoom o Microsoft team.

La observación

Esta herramienta debe ser utilizada por un docente para evaluar otras dimensiones del aprendizaje como la procedimental o la actitudinal, y que se viene a sumar a otro tipo de evaluaciones. En este caso, la observación es cerrada donde se tiene que señalar si los ítems se han alcanzado o no según la lista que estemos utilizando. La observación también nos permitirá llevar un control del comportamiento del aula no solo en base al desempeño de los estudiantes sino sobre sus actitudes, su comportamiento frente a otros estudiantes, etc.

La limitación de la observación estructurada es que debemos seleccionar a priori una serie de ítems a observar en el aula, con lo que estos tienden a ser generales, sin que se pueda especificar y serán ítems que estemos seguros de que se van a dar o no. Una lista de observación puede ser la siguiente:

Alumno	Trabaja en clase	Habla con sus compañeros	Atiende a la explicación	Buen comportamiento	Anotaciones
Juan García	1	2	3	1	
Luis Coronel	3	2	1	3	
Karuma González	2	2	2	3	
Maria García	3	3	3	3	
Luisa Martínez	3	1	1	1	

1= Pocas veces, 2= a veces, 3=siempre

Otra opción sería una lista de observación semiestructurada, donde aparecen ítems como los de arriba señalados, pero ubicamos un espacio para realizar anotaciones que acompañen a la nota numérica. Estas anotaciones se utilizan para justificar la nota, pero no para modificarla a la luz de una interpretación posterior, simplemente viene a describir porqué se ha puesto esta nota y no otra. Esto nos puede ayudar a reflexionar a la hora de poner otras notas e intentar tener un criterio común. En realidad, la ubicación numérica de una nota depende de la interpretación que estemos haciendo del fenómeno, por lo que será adecuado acompañar esta evaluación numérica de una rúbrica de evaluación que nos permita expresar con palabras qué es lo que hemos observado. Más adelante se estudian las rúbricas de evaluación.

Podemos utilizar cámara para grabar lo acontecido en el aula y cotejar más tarde con nuestros resultados. No se aconseja realizar una evaluación por completo sin estar de cuerpo presente, ya que se pueden escapar detalles importantes que se deban anotar.

2.3 Herramientas cualitativas

Las herramientas de evaluación cualitativa son aquellas que buscan traducir el rendimiento de los estudiantes en texto que debe ser interpretado. Por esto, las herramientas buscarán otro tipo de respuesta por parte de los estudiantes. Dentro de este grupo destacamos el examen con preguntas abiertas, las rúbricas de evaluación, las entrevistas o exámenes orales y focus group, la observación abierta y el diario de campo con anotaciones esporádicas.

Examen con preguntas abiertas

Estas preguntas pueden requerir diferentes respuestas de los estudiantes y se mueven entre una evaluación positiva e interpretativa. Aunque la idea es intentar que esta evaluación sea lo menos interpretativa posible y se pueda ceñir a estándares lo más objetivo posibles. Veremos que es muy complicado realizar una evaluación objetiva absoluta cuando debemos interpretar lo que el estudiante ha escrito, ya que no solo depende de la información plasmada, de los conceptos, hechos o fechas, sino del uso de los conectores, de los párrafos, de los puntos y seguidos y aparte, de los sinónimos y antónimos, de los ejemplos, etc., incluso entrarán en juego variables que guarden relación con los afectos generados en el aula por parte del docente que se van construyendo sobre la comprensión de la situación socioeconómica del estudiante, sus capacidades personales, su voluntad de aprender, su comportamiento en el aula, etc.

Podemos realizar evaluaciones a través de ensayos donde el estudiante deba exponer las ideas principales y relacionarlas de manera adecuada entre sí. Esta evaluación es aconsejable para niveles universitarios. A nivel de educación básica o bachillerato es aconsejable un examen donde los estudiantes tengan que exponer una serie de ideas o hechos donde pueden introducir algunas ideas propias. Este tipo de exámenes permite que el estudiante acceda a una gran cantidad de conocimientos a la vez que le permite desarrollar unos hábitos y disciplina de estudio que es difícil alcanzar de otra manera y que serán claves para el resto de la vida.

Los ensayos podrían ser escritos con ayuda de las nuevas plataformas, como el Word o el pdf y se podrían vigilar su desarrollo a través de la webcam cono zoom o Microsoft teams.

A continuación, vamos a ver de qué manera podemos evaluar este tipo de exámenes sin que se convierta en una comparación entre lo escrito y lo que aparece en el libro.

Rúbricas de evaluación

Las rúbricas de evaluación son la expresión escrita de un concepto o de un número. Estas rúbricas marcan los estándares para valorar lo que se está evaluando. Se puede decir que son el intento de objetivar aquello que estamos interpretando y, por ende, el instrumento que nos permite delimitar y precisas la valoración que realizas del objeto de evaluación. Esta rúbrica permite que personas diferentes puedan realizar la misma evaluación del fenómeno, o al menos, se supone que reduce la variabilidad en la interpretación de los sujetos. Las rúbricas se pueden utilizar acompañas del instrumento comentado en el parágrafo anterior o de cualquier otro.

En las rúbricas debemos plasmar qué es lo que efectivamente vamos a evaluar. Podemos dividir la rúbrica en una serie de categorías y establecer estándares para cada categoría.

Vamos a ver un ejemplo con los principales elementos que se evalúan en un texto escrito.

	Excelente (10-9)	*Bien (8-7)*	*Regular (5-6)*	*Mal (4-1)*
Cohesión	Utiliza los contenidos y los relaciona de manera adecuada	Utiliza los contenidos y relaciona la mayoría de manera adecuada por lo que el texto es entendible.	Utiliza algunos contenidos y/o relaciona menos de la mitad de manera adecuada dificultando la comprensión del texto.	No utiliza de manera adecuada los contenidos y no los relaciona de manera adecuada. El texto no es comprensible.
Adecuación	La forma del texto se adapta por completo a su objetivo discursivo.	La forma del texto se adapta en su mayoría a su objetivo discursivo	La forma del texto se adapta de manera confusa a su objetivo discursivo, aunque permite que se comprenda el texto.	La forma del texto no se adapta por su objetivo discursivo.
Coherencia	Las partes del texto presentan una verosimilitud completa del contenido.	Las partes del texto presentan una verosimilitud parcial del contenido.	Las partes del texto presentan una verosimilitud difusa del contenido.	Las partes del texto no presentan una verosimilitud del contenido.

Podemos observar que habrá contenido de la rúbrica que puede entrar en disputa o ser susceptible de ser criticado por los compañeros, como el significado de verosimilud o los adjetivos que marcan la cantidad. Esta disputa se podría resolver con la ayuda de un compañero docente que realice una evaluación del mismo texto con la rúbrica. Una solución podría ser la de establecer la nota media de ambos docentes, una forma de atender a las variabilidad de la interpretación. No obstante, no creemos que el estado normal de las cosas se la de que exista una confusión completa, creo que la mayoría de los casos nos entablaremos un diálogo con estudiantes honestos que aceptarán su equivocación y comprenderán la explicación del docente.

Podemos observar como la evaluación se convierte en un proceso de aprendizaje constante por parte del docente, así como un elemento clave del proceso de formación al que hay que prestarle especial dedicación y atención.

Entrevistas o exámenes orales y focus group

Las **entrevistas o exámenes orales** vienen a sustituir a los exámenes escritos abiertos cuando estos no se puedan realizar con un mínimo de seguridad de calidad en las respuestas del estudiante o cuando el estudiante no pueda rendirlo por su condición personal o social. También se pueden utilizar cuando queramos evaluar destrezas, habilidades y competencias que acompañan al desarrollo del contenido y la argumentación como la presentación en público, la dicción, la actitud frente al evaluador o un grupo, etc.

Los **focus group** o grupos focales serían un tipo de evaluación grupal aconsejable cuando pongamos en práctica algún tipo experiencia de aprendizaje cooperativa o basada en proyectos o problemas. Este tipo de evaluaciones deberían completarse con información de otras evaluaciones. En este caso, el focus group sería una técnica ya que supone un proceso más elaborado que la utilización de un instrumento. En el focus group debemos tener en cuenta los turnos a la hora de hablar, cambiar el sentido de las respuestas cuando vemos que se están desviando del tema, realizar aclaraciones, tener en cuenta el entorno donde se realiza la evaluación, grabar las respuestas para analizarlas, entre otras acciones que se dirigen hacia 1) la toma de datos clara y precisa, 2) la recogida de datos significativa y 3) la recogida de datos abundante de todos los estudiantes.

Ambas técnicas se podrán utilizar a través de las nuevas tecnologías de la información siempre y cuando no se quieran evaluar competencias relacionadas con la actitud, valores, etc., de los estudiantes.

Observación abierta y el diario de campo

La **observación abierta** es un proceso de recogida de información que hace el docente donde anota todo lo que ocurre dentro del proceso de enseñanza. Por la apertura de la recogida de datos, se deben seleccionar los tiempos y procesos en los que se podría utilizar esta técnica como, por ejemplo, cuando los estudiantes deban realizar una actividad para resolver un problema en grupo. Si por ejemplo queremos observar el rendimiento de los estudiantes durante tres clases seguidas, puede que acabemos fatigados de observar ininterrumpidamente la clase. La observación abierta no es una observación momentánea, algo que se podría realizar con un diario de campo. La observación abierta supone la escritura de todo lo que acontece en el aula con relación al objeto de evaluación.

Por otro lado, tenemos la herramienta del **diario de campo**. En este diario podemos ir tomando anotaciones espontáneas sobre lo que ocurre en el aula. En este caso, tomamos notas sobre elementos que creemos que pueden ser relevantes sobre determinados objetos de evaluación. En este caso no es necesario que tengamos un solo objeto, sino que, dado el proceso de recogida de datos, podríamos atender a diferentes objetos de evaluación.

2.4 Herramientas Mixtas

Podemos encontrar herramientas para evaluar que sean de tipo mixto, es decir, que presenten preguntas cerras y abiertas y que se evalúen a través de una reducción numérica o textual de la realidad.

Podemos realizar **exámenes con preguntas cerradas y abiertas**. Las preguntas pueden estar relacionadas donde las preguntas abiertas aclaren, justifiquen o certifiquen que el estudiante comprender la respuesta que ha dado en la pregunta cerrada. Las preguntas no tienen por qué tener ninguna conexión y plasman diferentes formas de acceder al conocimiento o diferentes tipos de conocimientos o contenidos. Las preguntas abiertas pueden ser cortas y sobre conceptos concretos donde queremos que los estudiantes contesten con una frase o párrafo similar al que se han tenido que estudiar. Las preguntas pueden ser más amplias donde conllevaría una recuperación de información mayor o la elaboración de un ensayo o un pequeño párrafo donde el estudiante de su opinión argumentada, la explicación de un fenómeno, la descripción de algún hecho, etc.

La **observación puede ser semi estructurada**, con una serie de ítems que queremos ver si se cumplen o no y podemos utilizar un cuaderno donde se anota los elementos relevantes del día a día. Luego habría que triangular los resultados.

Otro instrumento o técnica mixta podrían ser los exámenes tipo **focus group** como ya hemos visto antes.

Una de estas técnicas que enmarcamos aquí es el portafolio, ya que nos permite evaluar de manera cuantitativa si se han alcanzado una serie de logros y nos permite interpretar el contenido de este portafolio. Otra técnica que vamos a estudiar se refiere a la evaluación a través del aprendizaje por proyectos, por problemas y colaborativo.

El portfolio

El portafolio es un instrumento de evaluación individualizado. El portafolio puede utilizarse junto con otras técnicas, pero siempre se remite al progreso de un estudiante. El portafolio es un instrumento que recoge, agrupa y ordena los productos generados por el estudiante en su proceso de enseñanza aprendizaje, productor que muestran un desempeño del estudiante sobre las competencias que debe desarrollar. El portafolio se puede utilizar de manera individual o como parte de una técnica como el aprendizaje basado en proyecto.

Esta herramienta o, más bien, técnica, tiene su origen en la palabra portafolio entendida como cartera donde se ubican los folios, documentos, etc. El portafolio se adapta a la perspectiva de que el estudiante es el único responsable de su aprendizaje. El portafolio comienza con un **documento de partida** donde el estudiante ubica sus conocimientos previos y sus previsiones y posibilidades de aprendizaje sobre la materia. Después se ubican las **evidencias** que responden a los objetivos, contenidos y criterios de evaluación de la materia y, por último, se ubica un **documento donde el estudiante evalúa su progreso** con relación a los documentos ubicados. Las evidencia que el estudiante ubica pueden estar relacionadas con el objeto de estudio o no, pueden ser actividades paralelas y opcionales al objeto de estudio, pero que guarden relación con las competencias a desarrollar (González y Montmany, 2019).

Hoy en día es relativamente sencillo utilizar esta técnica a través de las tecnologías digitales mediante el uso de blogs y herramientas similares.

Algunas de las características y ventajas del portafolio digital frente al analógico: 1) su capacidad **interactiva** entre el estudiante y el docente, 2) la posibilidad de construir un portafolio a través de diferentes **modalidades** de desempeño, no solo a través de documentos escritos, sino también utilizando fotografías, videos, etc., y 3) la capacidad **hipertextual** del objeto de evaluación, capacidad que permite navegar a través de conceptos e imágenes acudiendo al propio portafolio o fuera de el mismo (González y Montmany, 2019).

Aprendizaje por proyectos, por problemas y colaborativo

Estudiamos estas tres técnicas en un mismo parágrafo, ya que se refieren a un modo colaborativo y cooperativo de trabajo.

Vamos a definir brevemente esto de colaborar y cooperar.

Según el diccionario de la RAE cooperar se refiere a "Obrar juntamente con otro u otros para la consecución de un fin común" y colaborar a "Trabajar con otra u otras personas en la realización de una obra". Podemos observar que cooperar trata de una acción que se realiza juntamente, esto es, unido a otra persona, y colaborar señala un trabajo "con" otra persona, siendo la preposición "con" lo que denota el medio con el que se trabaja. Entonces, colaborar supone que la otra persona es un medio para el fin propuesto y en la cooperación la otra persona no es un medio, sino un elemento inmerso en el operar en el medio para alcanzar el fin. Para delimitar mejor ambos conceptos vamos a poner dos ejemplos: la cooperación se da cuando una persona sostiene un tablón de madera para que otro lo corte, la colaboración se da cuando uno corta el tablón y la otra persona lo ensambla. En educación, el proceso de brainstorming sería cooperación, que cada estudiante traiga una idea sería colaboración. En realidad, los procesos de colaboración y cooperación se suceden en las metodologías que vamos a tratar y a veces es difícil discernirlos, aunque es interesante planificar los proyectos educativos teniendo en cuenta esta distinción. La evaluación vendría a ser un proceso paralelo de la enseñanza aprendizaje.

En el caso del **aprendizaje por proyectos**, los estudiantes forman un grupo donde tienen que generar un proyecto. Aquí se suceden momentos de colaboración, cuando los estudiantes se tienen que repartir las tareas y las funciones, y de cooperación, cuando se tienen que ayudar mediante ideas y consejos, por ejemplo. En este caso, la evaluación se debe hacer teniendo en cuenta el producto final y viendo que ha hecho cada estudiante, ya sea a través de un informe o de un portfolio.

En el **aprendizaje por problemas**, los estudiantes deben solucionar un problema presentado en el aula que puede llevar una o dos clases. Aquí se sucede la cooperación y la colaboración. La evaluación deberá realizarse mediante el producto final y a través de la observación del docentes.

El **aprendizaje cooperativo o colaborativo** supone un trabajo en parejas que se puede resolver en una sesión. Un ejemplo sería la técnica del Puzzle donde los estudiantes se reparten un tema que se tienen que estudiar y aprender, luego lo comparten con otros estudiantes que tengan los mismos temas para empoderarse del contenido y luego lo explican a su grupo inicial donde el resto de los compañeros también explicarán el resto de los temas. Entonces, aquí se pueden realizar dos tipos de evaluación, por ejemplo: Una evaluación a un estudiante del grupo sobre todo los temas, para ver si el resto ha aprendido bien su parte del tema, o una evaluación individual a cada uno, donde se mide el rendimiento individual y a la vez el trabajo grupal. Hay más técnicas colaborativas y cooperativas que podemos utilizar para evaluar el desempeño de los estudiantes.

3 Herramienta y plataformas tecnológicas

En este apartado vamos a señalar algunas de las plataformas y herramienta tecnológicas que nos pueden ayudar organizar y estructuras los proceso de evaluación. Hemos seleccionado algunas que pueden ser de más utilidad tanto a la labor del docente de inicial, básica o bachillerato como del docente de universidad. Hemos seleccionado los siguientes tipos de herramientas en base a la capacidad que tienen para realizar alguna acción relacionada con la evaluación ya sea recoger la información, analizar o realizar un examen.

- Para organizar y analizar la evaluación, esto es, herramientas que nos permiten ubicar los datos de la evaluación, ya sean cuantitativos o cualitativos y que nos permiten analizar esta información a través de las funciones de la herramienta. Hay herramientas como el Word, o uno de sus equivalentes, como el que nos encontramos dentro del paquete Open Office u otro editor de texto, que no son herramientas propias para la evaluación, pero que, por el uso que se puede hacer de esto, se pueden utilizar para este cometido. En el caso del Word podría ayudarnos para realizar un análisis cuantitativo o cualitativo simple, a parte de la organización de la información. Para un cálculo más rápido se aconseja el Excel o el SPSS. Algunas herramientas como el SPSS o el Atlas.ti son herramientas de investigación, pero que nos sirven para nuestro cometido. También hemos ubicado plataformas como el Banner que nos permiten organizar y calcular grandes flujos de información.

- Para evaluar los aprendizaje. Aquí nos encontramos con plataformas o aplicaciones que nos permiten recoger los datos de la evaluación, ya sea a través de formularios como Google Forms o que nos permitan realizar exámenes online.

- Para el aprendizaje donde ubicamos aquellas plataformas, aplicaciones, programas, etc., que nos permiten diseñar experiencias de aprendizaje a la vez que realizar exámenes o analizar los datos recogidos por la evaluación, como es el caso del Moodle. Una plataforma que nos hemos incluido aquí es la de Google Classroom ya que no te permite recoger los datos de la evaluación, ni evaluar o analizar los datos, se trata solo de un repositorio de información, aunque nos ha parecido interesante comentarlo dadas las posibilidades que tiene para la formación como plataforma gratuita.

- Herramientas para organizar y analizar la evaluación

Excel: Una de las herramientas que se encuentra en la mayoría de los ordenadores es el Microsoft Excel. En el caso de que no encontremos esta herramientas, con casi toda seguridad el sistema operativo traerá consigo un programa para el almacenamiento y análisis de datos. Con esta herramienta podemos preparar hojas de cálculo donde ubicar el nombre de los estudiantes y realizar registros cuantitativos y cualitativos.

SPSS: Es una herramienta que nos permite realizar análisis de datos al estilo de Excel.

Dentro de este grupo nos podemos encontrar R, que es de acceso abierto o Jamovi, que se apoya en R y tiene una interfaz intuitiva. Se puede acceder online a través de la nube o se puede descargar. https://www.jamovi.org/

Atlas.ti: Es una herramienta de análisis de datos cualitativos.

Word: Podemos crear nuestras propias plantillas y tablas en Word para registrar las evaluaciones. También nos podemos ayudar del Word para realizar los análisis cualitativos de datos.

Delphos: Es una herramienta que utiliza la comunidad autónoma de Castilla La Mancha, en España, para organizar la información de los estudiantes y luego se centraliza a nivel nacional.

Banner: Es una herramienta que utilizan algunas universidades en Ecuador para organizar la información de los estudiantes.

- Herramientas para evaluar

-

Google Forms: herramienta online que te permite realizar cuestionarios y descargar los datos en formato Excel para analizarlos.

Proctorio: es una herramienta para realizar exámenes online que te asegura que la privacidad de los datos y que lo estudiantes no se van a copiar. https://proctorio.com/

Additio: plataforma online para evaluar y realizar el seguimiento a tus estudiantes. https://web.additioapp.com/access/login Video de youtube para más información: https://www.youtube.com/watch?v=BPDfnjkH6tA&list=PLsnKBMGwjcBW9-sHgJRr1sSN4wpj8YC6Q&index=1

TrackCC: Es una plataforma online para evaluar el comportamiento y la asistencia a clase y mantener avisados a las familias. https://www.trackcc.org/

- Herramientas de aprendizaje

Moodle y Blackboard: plataforma para organizar el aprendizaje y realizar el seguimiento de la evaluación.

Celebriti: Esta web te permite crear tu propio juego y te da la evaluación del juego en el instante. https://www.cerebriti.com/

The answerpad: Es una aplicación que permite realizar actividades y evaluarlas. Video de explicación en youtube https://www.youtube.com/watch?v=LmBof3343m4

Socrative: Es una plataforma online que te permite crear cuestionarios y recibir la evaluación al momento. https://www.socrative.com/

Plickers: Es una plataforma donde puedes crear actividades y llevar el seguimiento de las respuestas. Se diferencia de la otras porque en esta los estudiantes tienen que utilizar unas plickers, cartas, para realizar la actividad. https://www.plickers.com/

Tutorial de Pickers: https://help.plickers.com/hc/en-us/articles/1260804062589-Step-4-Get-Plickers-Cards

Kahoot!: Esta plataforma mezcla la gamificación con la evaluación donde puedes desarrollar tus actividades. https://kahoot.com/

Edpuzzle: Con esta plataforma puedes crear videos con actividades y realizar el seguimiento de las respuestas. https://edpuzzle.com/

Formativa: Es una aplicación que te permite crear una clase, las actividades y llevar el seguimiento del rendimiento de los estudiantes. Una aplicación muy completa. https://app.formative.com/

4 Evaluación adaptada a la diversidad

Atender a las necesidades particulares de los estudiantes ya sea por sus características personales y sociales, discapacidad, clase social, etc., es indicador de una educación de calidad. La evaluación es un elemento del proceso educativo clave para conocer el rendimiento de los estudiantes. El rendimiento depende de los conocimientos que tenga sobre la materia, pero el acceso a estos conocimientos se puede ver mermado por sus características personales y sociales. Un alumno puede estudiarse la historia de España, pero si tiene una amputación de la mano izquierda, le costará demostrar sus conocimiento a través de un examen escrito si no tiene apoyos para realizarlo. La adaptación de la evaluación se puede realizar en distintos elementos inmersos en el proceso educativo:

- Los objetivo, contenidos o criterios de evaluación. Esto es algo común a la legislación educativa de los países alrededor del mundo. La mayoría de los sistemas educativos presentan unos objetivos, contenidos y criterios de evaluación. Se pueden adaptar estos criterios a las necesidades de los estudiantes, a la discapacidad, las características del contexto, a problemas de aprendizaje, problemas del desarrollo, etc. Lo más probable es que si se modifican los criterios de evaluación se hayan modificado también los objetivos y contenidos a alcanzar y viceversa. En principio, cuando realizamos este tipo de modificaciones, nos referimos a **adaptaciones significativas** al currículum.

- Apoyos o metodología para realizar el examen. Se pueden plantear diferentes **apoyos** materiales o de otros compañeros para realizar el examen. En ocasiones podremos utilizar mecanismos para mejorar la escritura, para ayudarnos en la exposición oral o podremos echar manos de los sistemas aumentativos y alternativos de comunicación (SAAC) analógicos como digitales que encontramos en las computadoras. También podemos echar mano de otros compañeros para ayudar a estudiantes con alguna discapacidad u otro tipo de característica o condición. En cuanto a la **metodología**, se pueden utilizar diferentes agrupaciones, organizar el aula con otras actividades adecuándonos a las necesidades de los estudiantes, cambiar la formación de los grupos, etc. Estas serían las **adaptaciones no significativas** del currículum cuando nos referimos a la metodología, y **adaptaciones de acceso al currículum**, que sería aquellas que guardan relación con los apoyos.

- *Modificación o adaptación de las preguntas.* Se trata de modificar las preguntas para buscar una respuesta que nos muestre la competencia a alcanzar de otro modo. Podemos tomar un examen escrito u oral y estaremos alcanzado el mismo resultado. Aunque la dinámica no sea la misma, como en este caso la competencia tiene que ver con la recuperación de información, podemos establecer una dinámica similar a la del examen escrito, pero que se materialice finalmente de manera oral. Podemos disponer el aula y el pupitre como si el examen fuera escrito, incluso le damos al estudiante los materiales necesarios para un examen escrito y le dejamos los mismos tiempos para pensar y reflexionar, pero, a la hora de dar las respuestas, el alumno las da de manera oral. Podemos cambiar el tipo de pregunta de manera que no se desvié de las respuestas en condiciones normales, o se puede pedir un desarrollo de la pregunta con menos contenido o rigurosidad, aunque, en este caso, lo que estamos modificando son los objetivos o contenidos de aprendizaje, así como los criterios de evaluación, y nos referimos a **adaptaciones significativas**. Si no se rebaja el nivel de las preguntas estamos ante **adaptaciones de acceso** al currículum.

- *Tiempos, espacios, personas.* Cuando realizamos una adaptación sobre el tiempo a utilizar para realizar la evaluación y el espacio para realizarla o la persona con la que se va a realizar la evaluación estaríamos antes **adaptaciones de acceso** al currículum. Se puede dejar más tiempo a un estudiante para finalizar el examen o que lo realice en otras dependencias para proporcionales la calma necesaria para completar el examen, ya sea porque necesita concentrarse porque su idioma de origen es distinto al idioma en el que hace el examen o porque le cuesta realiza cálculos y comprender el significado de las palabras, aunque se puede poner al ritmo de los otros estudiantes con estas adaptaciones.

5 Modelos de calidad en educación

Hablar de calidad educativa es meternos en entramado de conceptos e ideas relacionadas con el rendimiento de los estudiantes, la atención a la diversidad, la democracia y la justicia social, el constructivismo y la enseñanza tradicional, etc. Pero antes de bucear en esta maraña de conceptos, vamos a dirigirnos de nuevo a la idea de educación, que supone un proceso de enseñanza y aprendizaje, partiendo de lo que vimos en el primer capítulo. Después estudiaremos los elementos que guardan relación con la educación dentro de un sistema educativo y, por último, los elementos generales que nos pueden indicar si estamos alcanzando una educación de calidad en diferentes contextos, aunque veremos un esquema que se centra en América Latina.

5.1 Calidad de la educación

En el primer capítulo concluíamos que la educación...

"es el proceso por el cual se le enseña a un sujeto a dominar su medio social y natural para que pueda realizar su aporte y para mantener las relaciones sociales que permitan el mantenimiento de la sociedad. La educación formal es aquella dispuesta y sancionada por el estado."

La educación se sanciona dentro de un estado por lo que la calidad de la educación viene determinada en los márgenes del estado. Para comprender mejor el lugar de la educación dentro de un estado vamos a introducir la idea de la educación como un sistema, de hecho, el concepto de "sistema educativo" es muy utilizado cuando nos queremos referir a elementos relacionados con los procesos educativos que mantienen algún tipo de relación. Pero, en este caso, nos vamos a referir a la educación como un sistema siguiendo el aporte de David Alvargonzález.

La educación como un sistema

Siguiendo el aporte mode David Alvargonzález en su libro "La idea de sistema" de 2022 entendemos un sistema como "totalidades compuestas de otras partes" (p.

26) siendo estas partes las bases del sistema, que sería el primer nivel holótico[8] del sistema. A su vez, estas bases del sistema son totalidades compuestas de partes. El sistema educativo como totalidad se compone de bases que podrían ser las siguientes: el aula, el centro escolar, la familia, la comunidad educativa, la administración educativa. Estas bases se relacionan entre sí y al mismo tiempo que conforman el sistema educativo como un todo. Es desde la totalidad que se puede ver las bases. En el aula, que es una totalidad, nos encontramos con bases como las relaciones entre estudiantes, el rendimiento de los estudiantes, la relación estudiante-docente. Y son estas bases las que determinan las relaciones dentro del sistema educativo. Vamos a ver el siguiente cuadro para estructurar visualmente la propuesta.

1 nivel
holótico

Totalidad	Sistema Educativo
Bases	Aula, familia, centro, comunidad educativa, administración escolar

2 nivel
holótico

Totalidad	Aula
Bases	Estudiante Currículum Docente

Son las bases del 2 nivel holótico las que determinan las relaciones del sistema educativo, estas partes se denominan subpartes. Las relaciones del sistema educativo se determinan por el estudiante, el currículum y el docente, por señalar algunas teniendo en mente la idea del núcleo pedagógico (instructional core) de Richard Elmore (2010) estudiante-docente-contenidos.

Esta perspectiva nos permite observar las relaciones del sistema de manera que arroja interrogantes sobre el concepto de educación, su naturaleza, su alcance, etc. Uno de los puntos centrales de este proceso es la relación estudiante-docente-contenidos. Si no existiera esta relación, no estaríamos hablando de la educación. Vemos como estos elementos son un sistema a su vez. La totalidad estudiante está compuesta por sus características personales y sociales. Pero, esta totalidad "estudiante" es parte de otras totalidades como la familia que a su vez es parte de otro sistema como el sistema social. De hecho, la educación sería un sistema dentro del sistema político que es el que delimita los márgenes de lo posible dentro del sistema educativo, ya sea a través de leyes que atañen al sistema educativo como a otros sistemas.

Podemos observar la complejidad con la que hablamos de la calidad de un sistema educativo donde las subpartes que lo sistematizan y lo cierran actúan en otros sistemas como el sistema social o el sistema jurídico. De cualquier manera, un sistema que engloba al resto es el estado que equivale al sistema político. Es desde el estado que se intenta articular el sistema educativo. Por lo tanto, la calidad de la enseñanza se debe enmarcar dentro de la legislación educativa.

La idea de la calidad de la educación

La RAE define el concepto de calidad de la siguiente maenra:

"Propiedad o conjunto de propiedades inherentes a algo, que permiten juzgar su valor."

La calidad necesita de al menos una característica a la que queramos asignarle una valoración. Esta característica debe cumplir con las características que le son inherentes a la idea educación de calidad. Si decimos que el melón debe estar dulce y cuando lo probamos está dulce, entonces es un melón de calidad. Pero otra entrada se refiere a una valoración de la calidad como algo que se encuentra en niveles de excelencia.

Esto de la excelencia lo entendemos mejor cuando nos vamos a la entrada de "valor", que aparece en la entrada de "calidad", y vemos que el valor se conceptualiza como:

"Grado de utilidad o aptitud de las cosas para satisfacer las necesidades o proporcionar bienestar o deleite"

En el caso del melón, si de manera natural, es dulce, para que pueda ser útil, es decir, comestible, debe ser dulce. La aptitud a la que se refiere en la entrada de valor no la tomamos en cuenta para el ejemplo del melón porque esto se aplicaría para personas que pueden operar en el medio. Si el melón no es dulce, diremos que no es un melón de calidad y no se encuentra en un nivel de excelencia, ya que no sirve para su utilidad. Siguiendo la definición de evaluación que dimos en el primer capítulo:

"Evaluar es el hecho de otorgar un valor a un objeto o sujeto. El valor lo podemos definir como la correspondencia dentro de un sistema entre el uso que ofrece un objeto o sujeto y el propósito de operación del sujeto en el medio."

Y también añadíamos:

"Digamos que en ocasiones el sistema es encontrado por el sujeto, surge en un acontecimiento inesperado, y en otros es el propio sujeto quién va construyendo el sistema."

La calidad sería una valoración que se adecúa a las características de lo valorado ya sean características que lo valorado tiene de manera natural, esto es, no está dado por el ser humano, o características otorgadas por el ser humano. En el caso de la educación, ¿las características son naturales o construidas por el ser humano?

Volvamos a la idea de la educación como un sistema y a la definición de educación. La educación le permite al ser humano dominar la naturaleza, lo que existe, a la vez que mantener relaciones sociales para su supervivencia. Los aprendizajes que se dieron entre los sujetos en las primeras formaciones de bandas y grupos tribales utilizarían una educación informal o protoeducación para satisfacer sus necesidades biológicas y sociales, ya decíamos que el ser humano es un ser autpoiético, siguiendo a Maturana y Varela que busca su supervivencia. Podemos señalar la formación de los primeros grupos tribales o bandas como la necesidad de buscar un objetivo colectivo común que no se basara exclusivamente en la supervivencia donde el proceso educativo. aunque informal, no respondería a la naturaleza del ser biológico, sino a la construcción de la sociedad. Conforme los sujetos se vayan uniendo en polis y estados, la educación servirá a los intereses de las mayorías que controlen los poderes del estado como son el legislativo, jurídico y el ejecutivo. Por lo tanto, una educación de calidad viene delimitada por los fines y objetivos de la educación legislados por los cuerpos del estado. La valoración que se realice de la educación viene delimitada por la legislación en materia de educación para cada país.

Pero no podemos evitar el debate sobre una serie de conceptos general sobre la educación que se pueden extrapolar a otros sistemas. Por ejemplo, cuando hablamos de inclusión entendemos que es un principio general que todos los sistema educativos deben albergar porque si la educación es un derecho todos los sistemas educativos deben promover la participación activa del estudiante dentro de la escuela. O cuando hablamos de democracia, una educación de calidad es aquella que es capaz de generar una conciencia democrática que permite que los sujetos participen de la vida pública política, económica, etc. Al comparar metodologías entre clases del mismo, datos sobre rendimiento a nivel nacional, relaciones docente en un centro escolar según el rendimiento de los estudiantes, etc., vamos a obtener datos que nos señalen elementos general es que estén en la base de la calidad de la educación.

Esta perspectiva que señalamos guarda relación con el debate sobre la importancia de la escuela en el sistema educativa. Según Levin (1974), no se pueden dar reformar educativas si no se reforma todo el sistema político, ya que la escuela es una parte de este sistema. Esto es lo que denomina la **teoría de la correspondencia**, ya que se produce una correspondencia entre la escuela y la sociedad donde lo que ocurre en la escuela es un espejo de la sociedad. Para que se pueda dar una evaluación educativa adecuada hay que tener en cuenta que la educación es un subsistema dentro de la política. En la misma línea nos encontramos con el aporte de Hunsen (1994, en Barrenechea, Beech y Rivas, 2022) hablando sobre la necesidad de que una reforma educativa se haga en los términos de una reforma social, no exclusivamente educativa.

Ahora sí, vamos a estudiar a continuación como se evalúa desde los países la calidad del sistema educativo.

La calidad de un sistema educativo

Hemos dicho que la calidad de un sistema educativo se mide dentro de un país. Entonces tendremos que seleccionar un país para ver de qué manera valora la calidad de la enseñanza que se está dando. En este caso, vamos a seleccionar dos países que quién suscribe este texto conoce como son Ecuador y España. Pongamos el foco sobre algunos de los elementos que señala Levin (1974) sobre la importancia de la reforma educativa como son la política, los objetivos de la educación, el presupuesto, los recursos y el proceso educativo, los resultados educativos y los resultados económicos, sociales y políticos.

En el caso de España y Ecuador, el documento que nos habla de cómo evaluar la calidad de la enseñanza se encuentra en el caso de España en la recientemente aprobada LOMLOE o Ley Orgánica 3/2020, de 29 de diciembre, por la que se Modifica la Ley Orgánica 2/2006, de 3 de mayo, de Educación y en el caso de Ecuador la Ley Orgánica de Educación Intercultural del 31 de marzo de 2011. Algunos apartados que comparten ambas leyes donde se podría utilizar como marco para evaluar la ley serían los Principios y Fines de la educación para cada país, como señala Pérez (2005). Si algunos de estos principios o fines no se cumplieran, no se daría una educación de calidad. En el caso de España y Ecuador, se observa como comparten algunos principios y fines como la equidad, inclusión, no discriminación, etc. En realidad, estos conceptos abarcan realidad tan complejas que habría que delimitarlos para poder evaluarlos.

El concepto de calidad aparece en las dos legislaciones, es un concepto que es clave dentro del entramado educativa, aunque, como se observa en ambas legislaciones, se conceptualiza a medias. Por ejemplo, en el caso de Ecuador hay un apartado que se habla de Calidad y calidez, pero no se habla del apartado inmediatamente seguido que es el de Integralidad:

h. **Calidad y calidez:** *Garantiza el derecho de las personas a una educación de calidad y calidez, pertinente, adecuada, contextualizada, actualizada y articulada en todo el proceso educativo, en sus sistemas, niveles, subniveles o modalidades; y que incluya evaluaciones permanentes. Así mismo, garantiza la concepción del educando como el centro del proceso educativo, con una*

flexibilidad y propiedad de contenidos, procesos y metodologías que se adapte a sus necesidades y realidades fundamentales. Promueve condiciones adecuadas de respeto, tolerancia y afecto, que generen un clima escolar propicio en el proceso de aprendizaje;

i. **Integralidad:** *La integralidad reconoce y promueve la relación entre cognición, reflexión, emoción, valoración, actuación y el lugar fundamental del diálogo, el trabajo con los otros, la disensión y el acuerdo como espacios para el sano crecimiento, en interacción de estas dimensiones;*

Captura de pantalla del documento de reforma de 2021 de la LOEI.

¿Quiere decir esto que la calidad de la enseñanza no tiene que ver con la integralidad? Seguro que si le preguntamos a quienes redactaron estos apartados nos dirían que no. El problema está en la dificultad para enmarcar el concepto de calidad de manera que abarque todas aquellas ideas, conceptos, relaciones, etc., que debería englobar. Este ejemplo también se podría aplicar a la LOMLOE de España. En el caso de España la palabra calidad se observa al lado de la palabra equidad al igual que en el caso de Ecuador vemos la palabra calidad al lado de calidez.

a bis) La **calidad** de la educación para todo el alumnado, sin que exista discriminación alguna por razón de nacimiento, sexo, origen racial, étnico o geográfico, discapacidad, edad, enfermedad, religión o creencias, orientación sexual o identidad sexual o cualquier otra condición o circunstancia personal o social.

b) La **equidad**, que garantice la igualdad de oportunidades para el pleno desarrollo de la personalidad a través de la educación, la inclusión educativa, la igualdad de derechos y oportunidades, también entre mujeres y hombres, que ayuden a superar cualquier discriminación y la accesibilidad universal a la educación, y que actúe como elemento compensador de las desigualdades personales, culturales, económicas y sociales, con especial atención a las que se deriven de cualquier tipo de discapacidad, de acuerdo con lo establecido en la Convención sobre los Derechos de las Personas con Discapacidad, ratificada en 2008, por España.

Principios de la LOMLOE de 2020

Los mismos que hemos dicho de calidad e integralidad se aplica a la idea de calidad y equidad.

Otros documentos donde podemos echar manos para ver cuál es el foco de atención de un país sobre la educación son los datos que el país genera sobre el estado de la educación. Si colegimos que los fines y principios se concretan en los objetivos, contenidos y criterios de evaluación, podemos pensar que un indicador de si tenemos una educación de calidad es el número de estudiantes que repiten, algo que se observa en los datos de la educación para España y Ecuador.

En el caso de España, el Ministerio de Educación edita todos los años un documento sobre los datos de la educación (Ministerio de Educación y Formación Profesional, 2022). Aunque no evalúa si los resultados son buenos, si que ofrece datos que señalan en la línea que debe leerse estos datos. Por ejemplo, nos dan datos sobre la variación de estudiantes que se matriculan en estudios oficiales. Esto señala, si la variación es negativa y se mantiene negativa en el tiempo, que tenemos algún problema, ya que una valoración positiva de este indicador señala que cada vez hay más niños dentro del sistema educativo.

Un dato relevante es el de los estudiantes que abandonan la educación formal que tienen entre 18 y 24 años y no siguen estudios oficiales. En el caso de España, se ofrecen los datos desde 2011 a 2021 para hombres y mujeres, luego se establece una comparación entre las diferentes comunidades autónomas y por último se establece la comparativa con otros países de la Unión Europea (Ministerio de Educación y Formación Profesional, 2022, p. 30). A pesar de que no se realiza ninguna valoración, los datos ofrecidos hablan por sí mismos dejando ver la importancia de este indicador sobre la calidad de la enseñanza. Otro dato importante para la calidad de la enseñanza son las competencias digitales y al uso del ordenador dedican tres páginas finalizando con una comparativa a nivel europeo o al uso de las lenguas extranjeras mediante la participación de los estudiantes en experiencias internacionales.

En los datos que ofrece el estado de Ecuador podemos encontrar datos similares. De hecho, el último informe sobre los datos de la educación de 2022 (Ministerio de Educación del Ecuador, 2022) aparece capítulo titulado "Calidad educativa" donde se observan los datos referentes a la tasa de promoción y no promoción y la tasa de abandono escolar. En el caso de Ecuador, la tasa de abandono se calcula atendiendo a toda la etapa no universitaria, desde inicial a bachillerato, con lo que no nos permite ver la magnitud del problema que reside conforme los estudiantes avanzan de curso, algo que si podemos ver en los datos de la estadística de 2013 y 2014 (Ministerio de Educación del Ecuador, 2015). Veamos la diferencia. A continuación, se muestra la tasa de abandono escolar por curso de la estadística de 2022:

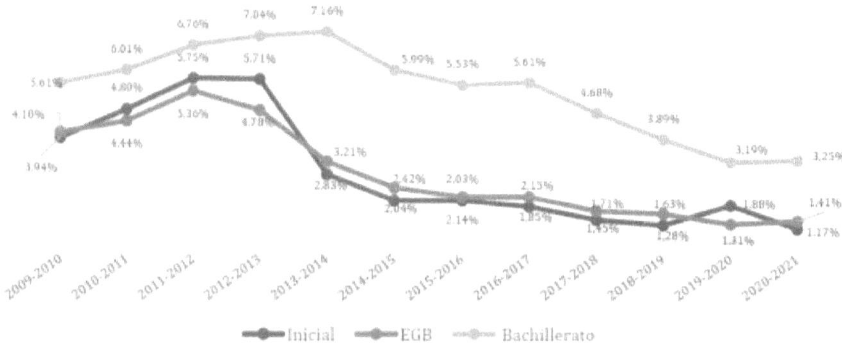

Tasa de abandono escolar por curso (Ministerio de Educación del Ecuador, 2022, p. 76)

	Edad	Asiste	Asiste a otro nivel	No asiste
	5	93,67 %	-	6,33 %
	6	98,56 %	-	1,44 %
	7	99,02 %	-	0,98 %
	8	99,47 %	-	0,53 %
	9	99,27 %	-	0,73 %
Básica	10	98,87 %	-	1,13 %
	11	98,77 %	-	1,23 %
	12	98,06 %	-	1,94 %
	13	95,97 %	0,05 %	3,98 %
	14	81,31 %	11,00 %	7,69 %
	15	58,35 %	31,33 %	10,32 %
Bachillerato	16	72,16 %	13,90 %	13,93 %
	17	66,64 %	10,72 %	22,64 %

Datos sobre asistencia, repetición y abandono (Ministerio de Educación del Ecuador, 2015, p. 10)

De hecho, la estadística de 2015 se acompaña de los datos que vemos a continuación, lo que nos permite hacernos una idea del porqué del fracaso escolar:

Razón x la que no asiste	2012	2013	2014
Edad	1,59 %	1,15 %	0,02 %
Terminó sus estudios	0,20 %	0,63 %	0,29 %
Falta recursos económicos	35,58 %	31,35 %	24,49 %
Fracaso escolar	3,51 %	5,01 %	4,26 %
Por trabajo	16,64 %	9,65 %	8,50 %
Temor maestros	0,19 %	0,77 %	
Por asistir nivelación SENESCYT			2,44 %
Enfermedad o discapacidad	9,92 %	12,46 %	10,74 %
Quehaceres del hogar	5,29 %	6,26 %	9,52 %
Familia no permite	1,24 %	1,49 %	1,83 %
No hay establecimientos educativos	0,98 %	2,24 %	1,38 %
No está interesado	11,60 %	15,54 %	18,31 %
Por embarazo	1,68 %	2,32 %	2,88 %
Por falta de cupo	3,23 %	3,26 %	4,27 %
Otra razón	8,35 %	7,88 %	11,05 %

Razones de no asistencia a clase (Ministerio de Educación del Ecuador, 2015, p. 16)

Otros elementos que señalan la calidad de la enseñanza puede ser el número de estudiantes por docente, la financiación de la educación, etc., pero, no obstante, necesitamos de otros elementos para profundizar en la evaluación de la educación.

Como hemos dicho, la calidad de la enseñanza guarda relación con diferentes conceptos. Desde la perspectiva del fracaso escolar, nos encontramos una serie de conceptos para intentar explicar y delimitar qué es esto del fracaso escolar. Algunos de estos términos son abandono escolar, fracaso escolar, éxito escolar, riesgo escolar o exclusión escolar, inclusión educativa, entre otros. Estos mapas conceptuales intentan explicar la realidad educativa desde una perspectiva contextual y general, intentando establecer marcos teóricos que nos permitan ver las relaciones entre estos fenómenos. Vamos a estudiar ahora como evaluar la calidad de la educación desde otros marcos de referencias.

Marcos teóricos sobre la calidad de la educación

En este apartado vamos a presentar una serie de marcos teóricos que presentan dimensiones y categorías sobre la calidad de la educación o, como también se le puede denominar, escuelas eficaces o efectivas.

La investigación sobre las escuelas eficaces surge por los años 60 centrándose en estudios sobre los elementos que permiten mejorar la enseñanza. Este marco nos permite estudiar desde diferentes perspectivas aquellos aspectos para la mejora de la enseñanza que son susceptibles de ser evaluados (Murillo y Krichesky, 2014).

Murillo y Krichesky (2014, p. 70 y 71) proponen la siguiente definición de Mejora de la Escuela:

> *Una serie de procesos concurrentes y recurrentes por los cuales una escuela optimiza el desarrollo integral de todos y cada uno de los estudiantes, mediante el incremento de la calidad del centro docente en su conjunto y de los docentes.*

> *Con las siguientes características:*

> • *Es asumido y coordinado por el centro.*

> • *Implica, o busca implicar, a la comunidad escolar en su conjunto.*

> • *Aborda tanto los procesos de enseñanza y aprendizaje como la organización y especialmente la cultura del centro.*

> • *Busca mejorar la capacidad del centro para el cambio.*

> • *Tiene un enfoque de mejora sostenible.*

Murillo (2008) señala que la eficacia debe ir en la línea de conseguir progresos en los estudiantes según su nivel en el que iniciaron, debe dirigirse al desarrollo integral de los estudiantes y debe basarse en la equidad, es decir, a quién menos tiene, más hay que darle para que pueda alcanzar un bagaje cultural y de conocimientos adecuado.

Ronald Edmonds se enfoca en los alumnos de familias pobres. Para este profesor de Harvard contamos con la información suficiente para educar a los estudiantes pobres, pero para ello debemos interesarnos en el aprendizaje de estos estudiantes y no pensar que no se puede hacer nada por ellos porque la institución principal de socialización y aprendizaje es la familia. Debemos poner el foco en la importancia de la escuela y su capacidad para conseguir un buen rendimiento en los estudiantes de un contexto socioeconómico bajo. Según Edmonds (1979), los elementos que caracterizan a una escuela eficaz para el éxito escolar son los siguientes:

- El apoyo por parte del equipo directivo a los docentes. Se necesita un liderazgo fuerte y comprometido con la mejora de la escuela.

- Hay que evaluar de manera constante el progreso de los estudiantes, el clima del aula para el aprendizaje y el esfuerzo y felicidad de los estudiantes.

- Las escuelas eficaces generan un clima de expectación los logros de los estudiantes que no deben estar por debajo de lo que se considera los logros mínimos que deben tener los estudiantes.

- El clima del centro es ordenado sin ser rígido y se mantiene el silencio sin que haya una sensación de opresión.

- La adquisición de los conocimientos básicos se prioriza por delante de otro tipo de aprendizajes.

- Cuando sea necesario, los esfuerzos de la escuela se pueden destinar a alcanzar los objetivos prioritarios.

Pérez (2005), en la línea de lo que hemos señalado sobre la educación, hace referencia a la importancia de la personalización de la educación y de la pertinencia social. La **personalización** es la atención a las necesidades de la persona y el potencial que pueda desarrollar atendiendo a sus diferencias individuales y a la capacidad inherente de aprendizaje y progreso durante toda la vida. Esta idea va en la línea de la teoría de las capacidades de Nussbaum

(2012). La **pertinencia social** se refiere al contacto permanente que debe tener el sistema educativo con los otros sistemas como el social, el laboral o el económico. También añade los siguientes elementos que debe tener un proyecto educativo de centro para cumplir con una enseñanza de calidad (Pérez, 2005, p. 18):

> *- Estar bien diseñado y fundamentado (según la concepción del ser humano y del mundo que se desarrolle), y adecuado al contexto de la institución educativa (responder a las necesidades, carencias y demandas de la misma).*

> *- Contar con el apoyo de la comunidad educativa.*

> *- Estar asumido por ella, compartidas las metas; compromiso activo.*

> *- Hecho realidad en la vida diaria del centro educativo: documento "vivo".*

> *- Contar con un procedimiento eficaz de mejora continua: revisión y revitalización del proyecto.*

Como síntesis, el autor presenta su definición de educación de calidad como

> "aquella que aborda la formación integral de las personas, concretada en su capacitación para darse un proyecto personal de vida, socialmente valioso, y ser capaz de, libremente, llevarlo a la práctica en las diversas situaciones y problemas que deberá enfrentar a lo largo de su vida." (Pérez, 2005, p. 17).

A esto el autor también añade una idea que creemos que es algo más confusa que lo que expone antes:

> "En definitiva, estoy planteando como meta el logro de la autonomía personal que no representa otra cosa que la capacidad de las personas para ser dueños de sus actos y, por ende, responsables de los mismos." (Pérez, 2005, p. 17).

Lo que el autor quiere decir es que las personas deben ser consecuentes con sus actos y admitir su autoría, ya sean los efectos de sus acciones evaluados de manera positiva o negativa. Creo que esta idea no es tan central y que depende más de la moral del sujeto y su evaluación del medio. A veces, no responsabilizarte de los actos es una buena manera de mantener tu supervivencia en una situación de injusticia. Lo importante es dominar esta capacidad y ponerla al servicio del mantenimiento de la sociedad, como hemos señalado antes.

Preston et al. (2017) señalan que la calidad de la enseñanza en los centros de secundaria, de los 12 a los 18 años aproximadamente, depende de dos conceptos principales:

1) el **liderazgo centrado en el aprendizaje**, relacionado con la visión del equipo directivo sobre el aprendizaje y las altas expectativas de los estudiantes y la distribución del liderazgo entre otros compañeros del centro, y

2) un **currículum riguroso y ordenado**, centrado en las capacidades cognitivas que los estudiantes desarrollan y en los contenidos de las asignaturas.

Si se llevan a la práctica estos dos elementos, se podrán alcanzar las otras características de una educación de calidad como son las siguientes:

- **Calidad de la instrucción**, referida a las estrategias y técnicas que emplean los docentes para aplicar el currículum. Estas técnicas deben mantener enganchado, motivado y comprometido al estudiante.

- **El uso sistemático de datos**, sobre todo los datos relacionados con el rendimiento de los estudiantes o su comportamiento que permita tomar decisiones sobre su progreso, los cambios en la metodología, en la evaluación, etc.

- **Personalizar las conexiones de aprendizaje** entre estudiantes y docentes de manera que se atienda a los requerimientos y necesidades de los estudiantes.

- **Cultura del aprendizaje y de un comportamiento profesional.** Se refiere a la responsabilidad de los docentes sobre las acciones de los estudiantes y su desempeño, así como con las relaciones que mantienen con otros profesionales para la mejora de los procesos educativos.

- Desempeño sistemático para la rendición de cuentas. Esto conlleva relacionar las estructuras internas y externas al centro para mejorar el rendimiento de los estudiantes que guarda relación con las expectativas a nivel nacional y local y de centro escolar sobre el rendimiento de los estudiantes.

- Conexión con la comunidad. Una escuela eficaz mantiene vínculos y relaciones constantes con las familias y con los actores inmediatos de la comunidad escolar.

Desde Estados Unidos, la Asociación Nacional de Psicólogos Escolares (en inglés, National Association of School Psychologists) publicó un Marco para la Disciplina de Escuelas Efectivas donde exponen un programa integral para la mejora de la educación en las escuelas con los siguientes puntos centrales (National Association of School Psychologists, 2020, p. 3):

1. Expectativas de comportamiento claramente definidas que se enseñan y se refuerzan consistentemente.

2. Consecuencias claramente entendidas y aplicadas equitativamente que son instructivas en lugar de punitivas.

3. Un sistema escalonado de apoyos conductuales para satisfacer las necesidades de cada estudiante, incluida la prevención universal, el desarrollo de habilidades, la identificación temprana y el servicio de intervención.

4. Toma de decisiones basada en datos dentro de un equipo multidisciplinario de resolución de problemas.

5. Ejemplar adulto positivo del comportamiento esperado.

6. Técnicas de disciplina positiva culturalmente sensibles que ayudan a mitigar el sesgo.

7. Desarrollo profesional continúo integrado en el trabajo para aumentar la capacidad del personal escolar para implementar una disciplina efectiva, positiva y equitativa para el personal escolar que refuerce las técnicas de disciplina positiva culturalmente sensibles y ayude a mitigar los prejuicios.

Este marco se desarrolla sobre la base de tres enfoques: la **justicia restaurativa**, que se ha traducido al ámbito educativo en el desarrollo de prácticas restaurativas que buscan la restauración de los lazos y procesos sociales a través de un proceso conjunto: el **aprendizaje socio emocional**, que busca comprender las propias emociones y las de los demás para actuar en consecuencia, y los **apoyos e intervención sobre el comportamiento positivos**, que buscan evitar los malos comportamientos.

Otro marco teórico interesante es el que ofrece Hayes, et al. (2006), sobre lo que denominan las pedagogías productivas. El marco teórico de las pedagogías productivas enmarca los siguientes elementos que recogemos de González Berruga et al. (2022, pp. 255 y 256)

*- **Calidad intelectual**, que se refiere al uso de contenidos que permitan a los estudiantes obtener conclusiones a través de la reflexión, interpretación y crítica, que les permita llegar a conclusiones complejas que relacione diferentes ámbitos de estudio como la política, la cultura, la ciencia, etc., involucrándose en resolución de problemas de manera colaborativa e individual, en conversaciones motivantes con contenidos importantes y corrigiendo y mejorando el uso del lenguaje.*

*- **Conexión de los contenidos**, donde los contenidos de diferentes materias se relacionan entre sí y con hechos importantes y problemas relevantes del mundo en el que viven los estudiantes, teniendo en cuenta los aprendizajes previos de los estudiantes.*

*- **Ambiente de clase para el aprendizaje**, donde se tiene en cuenta el apoyo de los compañeros para el aprendizaje, los criterios para evaluar a los estudiantes son claros y conocidos por ellos, los estudiantes se*

implican en las tareas para el aprendizaje en el aula, se regulan de manera autónoma y toman decisiones sobre el aprendizaje en clase.

*- **Valoración de las diferencias**, donde los contenidos integran ideas y hechos de diferentes culturas, todos los estudiantes participan de los procesos del aula, se construye una identidad de comunidad y como ciudadanos, y se utiliza una forma de explicación narrativa, no expositiva.*

Desde la perspectiva de la atención a la diversidad, pero desde un enfoque inclusivo, el Index for Inclusión nos ofrece una serie de dimensiones y categorías que nos permiten evaluar el nivel de inclusión educativa en una institución escolar. El Index se compone de tres dimensiones y 6 categorías, dos por dimensión. La dimensión **Crear Cultura Inclusivas** en la categoría **Construyendo Comunidad** señala la importancia de la colaboración entre estudiantes, equipo directivo y docentes. La categoría **Estableciendo valores inclusivos** busca el desarrollo de valores que respeten los derechos humanos y el medio ambiente. La dimensión **Estableciendo políticas inclusivas** se compone de la categoría **Desarrollado un centro escolar para todos,** que evalúa el liderazgo participativo, la relación de los estudiantes para apoyarse en el aprendizaje, la inclusión de nuevos estudiantes o docentes en el centro y la adaptación de las zonas del centro para la libre movilidad y participación de todos los estudiantes, y la categoría **Organizando el apoyo a la diversidad,** que evalúa la organización de los apoyos para el aprendizaje, la reducción de las barreras por el idioma o la discapacidad, las normas de convivencia o los mecanismos para evitar y sancionar el bullying. La última dimensión **Desarrollar prácticas inclusivas** se compone de la categoría Construyendo un currículum para todos, que se centra en la planificación de contenidos integradores desde los diferentes ámbitos de estudio, y la categoría Orquestando el aprendizaje, que evalúa la metodología inclusiva utilizada por los docentes, la capacidad de desarrollo crítico de los estudiantes, el aprendizaje activo y colaborativo de los estudiantes, la disciplina en el aula o el uso adecuado de los recursos dentro y fuera del centro.

Otra propuesta interesante es la del Institute for Humane Education que pretende desarrollar un marco para la educación y para el estudio que pone en el centro la dignidad y el bienestar humano, la sostenibilidad y protección del medio ambiente, así como la protección de los animales (Institute for Humane Education, 2023). La idea de la educación humana es educar a personas que sean solucionarios (solutionary, en inglés). Una persona solucionaría o un solucionador es alguien que no solo opera en el medio desde una mirada humanitaria, de apoyo, de ayuda y de colaboración para la mejora de su entorno, sino que es capaz de detectar prácticas injustas, insostenibles o de vulneración de los derechos humanos y actúa para producir cambios de manera crítica, creativa y estratégica. Los puntos principales que se destacan para alcanzar una educación de calidad son:

- **Adquisición de conocimiento** preparando a los estudiantes para ser investigadores capaces de obtener información precisa sobre los retos locales y globales interconectados y que sean capaces de distinguir los hechos y argumentos racionales de la opinión, hipótesis, suposiciones o conjeturas.

- **Pensar profundamente** desarrollando habilidades y competencias críticas, sistemáticas, para actuar de manera estratégica y creativa.

- **Tomar decisiones responsables y compasivas** animando la fascinación y apreciando el mundo natural y animal, desarrollando empatía por todos los seres humanos y los animales, y desarrollando un compromiso para hacer el mayor bien y el menor daño posible.

- **Enfocarse en soluciones** proveyendo de oportunidades para incluirse en de manera colaborativa en la resolución de problemas, implementando ideas que puedan ser evaluadas y mejoradas.

Barrenechea, Beech y Rivas (2022) observa que el cambio para la mejora de la educación pasa por tener en currículum organizado y con recursos distribuidos a partir de los objetivos que guían el proceso de enseñanza y aprendizaje, destacando el desarrollo cognitivo de los estudiantes. Es necesario una organización que gobierne los cambios capaz de traducir las decisiones macrocurriculares al día a día del aula. Los cambios sistemáticos necesitan de amplias estrategias que cubran diferentes ámbitos. Y uno de los elementos donde ponen el foco las mejoras educativas es en el rendimiento de los estudiantes, algo en lo que coincide Enkvist (2011).

Por último, nos quedamos con el aporte de Murillo (2008) sobre los elementos en los que debemos poner el foco para mejorar la calidad de la enseñanza teniendo en cuenta el contexto latinoamericano:

- **Sentido de comunidad**: Una escuela eficaz tiene una visión, objetivos, propósitos y unos valores compartidos por la comunidad educativos, estudiantes y docentes que se plasman en un proyecto educativo construido y conocido por todos. Participar en la generación de estos documentos que marcan el sentido, rumbo y camino del centro escolar hace que los actores que participan se sientan más comprometidos con la labor que realiza el centro.

- **Clima escolar y de aula**: Se da un clima en el centro escolar para el aprendizaje sostenido en relaciones de cordialidad, amabilidad, simpatía y empatía hacia el otro.

- **Dirección escolar**. Es necesario establecer proceso de dirección basados en la distribución de responsabilidad, en la colegialidad de los procesos, responsabilidad y acciones del centro. Se debe organizar y dirigir los procesos estructurales y burocráticos, pero poniendo el foco principalmente sobre los procesos de enseñanza y aprendizaje de los estudiantes y la mejora profesional de los docentes. La figura de la dirección debe promover la participación de la comunidad educativa comenzando por los estudiantes otorgando la parte de responsabilidad en el buen funcionamiento del centro y siguiendo por las familias y otras organizaciones sociales.

- **Un currículum de calidad**. Esto supone organizar las clases con tiempo, no llegar tarde a clase, proponer actividades varias relacionadas con los intereses y motivaciones de los estudiantes, planificar teniendo en cuenta la atención a la diversidad del aula que engloba a estudiantes con problemas de aprendizaje, con diferentes características y con discapacidad. Se deben utilizar recursos tradicionales y relacionados con las nuevas formas de comunicación digital. Por último, Murillo pone el foco en la importancia de la comunicación, que debe darse de manera frecuente, así como debe ser la forma de solventar los problemas.

- **Gestión del tiempo**. Es imprescindible que se dé una buena gestión del tiempo, que los estudiantes aprovechen al máximo el tiempo en el aula trabajando en actividades útiles y significativas donde el docente pueda ir corrigiendo y dando feedback. Hay que perder poco tiempo en la organización de la clase o en cuestiones de indisciplina e interrupciones. El primer paso sería llegar pronto al aula, tanto por parte del docente como de los estudiantes.

- **Participación de la comunidad escolar**. En Latinoamérica, la participación de la sociedad civil es muy importante, a través de los líderes de las diferentes comunidades o asociaciones, como las comunidades indígenas o asociaciones de pueblos afrodescendientes.

- **Altas expectativas**. Es importante tener altas expectativas de progreso y desarrollo para con los estudiantes. Una educación para el cambio debe conseguir que estos adquieran titulaciones que les permitan incluirse en el mercado laboral y conseguir puestos de trabajo dignos.

- **Desarrollo profesional de los docentes**. La formación y progreso docente es clave para el desarrollo de los estudiantes. El docente no va a poder enseñar nada que no haya aprendido antes. En el caso de Ecuador, muchos docentes no cuentan con una titulación de Grado y solo cuentan con una tecnología de grado inferior. No es que falte formación universitaria, sino la posibilidad de que los docentes no haya desarrollado capacidades y competencias que les permitan seguir aprendiendo, renovarse y buscar soluciones a las cuestiones que surgen en la escuela, para lo que es necesario un perfil analítico, crítico y comprometido con el aprendizaje de sus estudiantes y su desarrollo profesional.

- **Instalaciones y recursos**. El entorno donde los estudiantes desarrollen sus capacidades y competencias es clave para asegurar un aprendizaje de calidad y motivador. Por ejemplo, en el informe PISA D de 2018 aparecen una serie de indicadores sobre la falta de recursos en los centros escolares para América Latina. En el caso de Ecuador se daba la situación de que en muchos centros no había una biblioteca o pizarrón o, si hay, se encuentra en mal estado (Instituto Nacional de Evaluación Educativa, 2018)

Conclusiones

Hemos presentado ideas y recursos para diseñar una evaluación en educación. Lo importante del diseño de evaluación es tener claro qué es lo que queremos conseguir que alcancen nuestros estudiantes y cuál es el objeto de nuestra evaluación. La evaluación debe responder a las necesidades educativas de los estudiantes y a las posibilidades del contexto. La evaluación se planifica partiendo de los estudiantes y el contexto. No debemos dejar que las plataformas digitales guíen el proceso de aprendizaje y la evaluación de nuestros estudiantes.

Hemos visto como diseñar herramientas de evaluación que podemos utilizar en diferentes niveles educativos. Estas herramientas se deben utilizar atendiendo a los objetivos propuestos, las competencias que se quieren alcanzar, los contenidos de estudio y los criterios de evaluación para cada ámbito. Es necesario que estas herramientas se incluyan en evaluaciones de tipo formativo, sumativo, reflexivo, compartido, basado en el desempeño del estudiante en clase, entre otras.

Una buena evaluación es indispensable para conocer los avances y aquellas competencias, ámbitos, destrezas, contenidos o habilidades que hay que trabajar y mejorar para que los alumnos alcancen el máximo desarrollo posible. La evaluación no es solo un asunto del sujeto objeto de evaluación en base a unos estándares, es un proceso de reflexión conjunto con el docente para que se convierta en una fase del aprendizaje y no solo en un elemento de rendición de cuentas e imposición de sanciones.

Evaluar la calidad de la enseñanza sin tener en cuenta las relaciones del sistema educativo con el resto de los sistemas de un estado es dejar el trabajo a medio hacer. En la escuela tratamos con cuestiones que no guardan relación con lo educativo, sino que guarda relación con el sistema económico, familiar, de salud, etc., y le intentamos dar un acomodo desde la escuela cuando la solución no se educativa, sino política, económica, sanitaria, o de otra índole. Para clarificar esto habría que estudiar las relaciones entre el sistema educativa y el resto de los sistemas y ver cuál es el alcance del sistema educativo.

Hay un sinfín de marcos teóricos para evaluar las calidad de la enseñanza desde perspectivas micro como el núcleo pedagógico o macros y multinivel, atendiendo a la realidad de los centros escolares. Las evaluaciones deben servir a la mejora de los estudiantes y su desarrollo integral. Estas evaluaciones deben enfocarse de manera preferente a aquellos estudiantes pobres, como decía Edmond, que suelen ser los que mas sienten la influencia de otros factores como la discapacidad.

La evaluación de la calidad de la enseñanza debe basarse en las necesidades del contexto inmediato. Esto supone partir del diálogo con los actores principales de la comunidad educativa. Una evaluación debe realizarse desde una teoría educativa que conlleva unos instrumentos, unos procesos, una forma de concebir la realidad y los participantes y el uso que se le da a la evaluación. La evaluación debe servir para mejorar la realidad de las personas y conseguir que los estudiantes pobres y que vengan de contextos miserables alcance altas cotas de aprendizaje que les permitan ir a la universidad y alcanzar una titulación universitaria. Esto permitirá aumentar su nivel cultural y alcanzar un cúmulo de contenidos para aportar a la sociedad desde una profesión, así como desarrollar una moral y un ética comunitaria que permita crear comunidad.

El avance y el progreso son lentos. Desde la perspectiva de América Latina son muchos los indicadores que deben mejorar para que vivamos en sociedades auténticamente democráticas, libres de la opresión y el terrorismo de las bandas y el narcotráfico, que permitan valorar la riqueza de culturas a la vez que éstas entablan conversación con otras cosmovisiones, lo que permitirá estrechar lazos entre comunidades y acerarse unas a otras, que defiendan el medio ambiente y trabajen por desarrollar economías sostenibles que no exploten hasta la extenuación las dos fuentes de riqueza de un pueblo: la tierra y los seres humanos que la habitan, se deben alcanzar sociedades económicas que no dejen a nadie atrás sin que dependan de los Estados Unidos siempre dispuestos con un ejército de mercancías, materias primas y trabajadores sin cualificación.

La educación depende de la política y la economía, es el espejo de una sociedad, pero alberga espacios de resistencia que ofrecen la posibilidad de ser conscientes del sistema para intentar cambiarlo. Y esto pasa por una educación profunda, disciplinada y emancipatoria destinada a los pobres y miserables donde la evaluación juega un papel fundamental como guía del proceso de enseñanza.

Bertrand Russel, un filósofo inglés, dijo que tenía tres preocupaciones: alcanzar el conocimiento, alcanzar el amor y resolver la miseria del mundo. Creo firmemente que la escuela puede ayudar a alcanzar dos primeras, el conocimiento profundo y el aprender a amar, y creo que si tenemos las dos primeras podemos dirigirnos a resolver las miserias del mundo.

Referencia

Alvargonzález, D. (2022). *La idea de sistema*. Verbum.

Barrenechea, I., Beech, J. y Rivas, A. (2022). How can education systems improve? A systematic literature review. *Journal of Educational Change*. https://doi.org/10.1007/s10833-022-09453-7

Booth, T y Ainscow, M. (2015). *Guía para la Educación Inclusiva: Desarrollando el aprendizaje y la participación en los centros escolares*. FUHEM. https://downgalicia.org/wp-content/uploads/2018/01/Guia-para-la-Educacion-Inclusiva.pd

Bunge, M. (1981). *Materialismo y ciencia*. Laetoli.

Castillo, S. y Cabrerizo, J. (2010). *Evaluación educativa de aprendizajes y competencias*. Pearson.

Edmonds, R. (1979). Effective schools for urban poor. *Educational Leadership, 37*(1), 15-24.

Elmore, R. (2010). *Mejorando la escuela desde la sala de clases*. Fundación Chile.

Enkvist, I. (2011). *La buena y la mala educación*. Encuentro.

González Berruga, M.A., et al. (2022). Factores de Riesgo en Estudiantes Universitarios en el Contexto de Pandemia. *Revista Científica Hallazgos21, 7*(3), 252- 272. http://revistas.pucese.edu.ec/hallazgos21/

González, V. y Montmany, B. (2019). Iniciarse en el ámbito de los portafolios digitales. En Joan-Tomàs Pujolà Font, *El portafolio digital en la docencia universitaria* (pp. 11-26), Octaedro.

Hayes, D., et al. (2006). *Teachers and Schooling Making a Difference.* Routledge

Institute for Humane Education (2023). *What is humane education?* https://humaneeducation.org/what-is-humane-education/

Instituto Nacional de Evaluación Educativa (2018). *Educación en Ecuador. Resultado de PISA para el desarrollo.* https://www.evaluacion.gob.ec/wp-content/uploads/downloads/2018/12/CIE_InformeGeneralPISA18_20181123.pdf

Levin, H. (1974). Educational Reform and social change. *The Journal of Applied Behavioral Science, 10*(3), 304-320.

Ley Orgánica 3/2020, de 29 de diciembre, por la que se Modifica la Ley Orgánica 2/2006, de 3 de mayo, de Educación.

Ley Orgánica de Educación Intercultural, publicada en el Segundo Suplemento del Registro Oficial No. 417 de 31 de marzo de 2011.

Ley Orgánica Reformatoria a la Ley Orgánica de Educación Intercultural, publicada en el Suplemento del Registro Oficial No. 572 de 25 de agosto de 2015.

Ley Orgánica Reformatoria a la Ley Orgánica de Educación Intercultural, publicada en el Suplemento del Registro Oficial No. 434 de 19 de abril de 2021.

Lundgren, U. (2013). PISA como instrumento político. La historia detrás de la creación del programa PISA. *Profesorado, revista de currículum y formación del profesorado*, 17(2).

https://www.ugr.es/~recfpro/rev172ART1.pdf

Ministerio de Educación del Ecuador (2022). *Estadística Educativa. Volumen 3.* https://educacion.gob.ec/wp-content/uploads/downloads/2022/12/Estadistica-Educativa-Vol3.pdf

Ministerio de Educación del Ecuador (2015). *Estadística Educativa. Volumen 1.* https://educacion.gob.ec/wp-content/uploads/downloads/2017/06/PUB_EstadisticaEducativaVol1_mar2015.pdf

Ministerio de Educación y Formación Profesional (2022). *Datos y cifras. Curso escolar 2022/2023.* Secretaría General Técnica.

Murillo, F. J. (2008). Enfoque, situación y desafíos de la investigación sobre eficacia escolar en América Latina y el Caribe. En R. Blanco (Dir.), *Eficacia escolar y factores asociados en américa latina y el caribe*(pp. 17 –48), Chile: UNESCO

Murillo, F. J. y Krichesky, G. (2014). Mejora de la Escuela: Medio siglo de lecciones aprendidas. *REICE, Revista Iberoamericana sobre Calidad, Eficacia y Cambio en Educación, 13*(1), 69-102

National Association of School Psychologists (2020). *Framework for Effective School Discipline.* https://www.nasponline.org/disciplineframework

McMillan, J. y Schumacher, S. (2005). *Investigación educativa*. Pearson.

Maturana, H. y Varela, F. (1998). *De máquinas y seres vivos*. Editorial Universitaria.

Nussbaum, M. (2012). *Crear capacidades*. Paidos.

Pérez, R. (2005). Calidad de la educación, calidad en la educación. Hacia su necesaria integración. *Educación XXI, 8,* 11-33.

Preston, C., et al. (2016). Conceptualizing Essential Components of Effective High Schools. *Leadership and Policy in Schools.* DOI: 10.1080/15700763.2016.1205198

Sime, L. (2005). *Evaluación educativa: enfoques para un debate abierto.* Pontificia Universidad Católica del Perú.

Tejedor, F. y García-Varcárcel, A. (2010). *Evaluación del desempeño docente. Revista Española de Pedagogía, 247,* 439-459.

Tejedor, F. (2012). Evaluación del desempeño docente. *Revista Iberoamericana de Evaluación Educativa, 5*(1). http://www.rinace.net/riee/numeros/vol5-num1_e/art24.pdf

Sobre el autor

Manuel Ángel González Berruga (Albacete, 1987) es Doctor en Educación por la Universidad de Murcia. Máster en actividad física e inclusión social. Máster en filosofía. Diplomado en Educación Física y Licenciado en Pedagogía. Actualmente cursa los estudios de doctorado en la Universidad de Castilla La Mancha. Autor de artículos y libros de educación y filosofía. Ha impartido clases en la PUCE Sede Esmeraldas, Ecuador, en la UNIR o la U. Antonio de Nebrija, en España. Está interesado en los estudios sobre el currículum, la calidad de la enseñanza y en la relación entre filosofía y educación.

MANUEL ÁNGEL GONZÁLEZ BERRUGA

El libro se terminó de editar
el 26 de enero de 2024
en Albacete, España.

[1] Traducción propia de Stufflebeam y Shinkfield, 2005, p. 71.

[2] Traducción propia de Traducción propia de Stufflebeam y Shinkfield, 2005, p. 77.

[3] Traducción propia de Traducción propia de Stufflebeam y Shinkfield, 2005, pp. 318-321.

[4] Traducción propia casi literal. Cfr. Stufflebeam y Coryn, 2014, p. 404.

[5] Dejo el enlace de una noticia donde se observan las declaraciones de un docente de la U. de Granada en España: https://www.lavozdigital.es/andalucia/sinceridad-profesor-universidad-andaluz-dedico-enganar-ensenar-20230104145003-ntv.html?fbclid=IwAR3rhZ62qe_EPoVk2pSejb_prlxLTzVIGkKrkoMbnkwwyJtkKuYUu7-O_NA&ref=https%3A%2F%2Fl.facebook.com%2F

[6] Podéis acceder a más información sobre PISA en el siguiente enlace: https://www.oecd.org/pisa/pisa-es/

[7] Para más información sobre el ERCE se puede acceder al siguiente enlace: https://es.unesco.org/news/resultados-analisis-curricular

[8] Holótico es un concepto que se refiere a la teoría del todo y las partes. Esta teoría reflexiona sobre la relación entre un conjunto de elementos y el todo que es ese conjunto de elementos.